스크럼의 힘

THE POWER OF
SCRUM

5가지 역량이 만드는 단단한 성장

스크럼의 힘

배동철 지음

서울경제신문

　세상은 빠르게 변화한다. 이전에 한 세기쯤 걸리던 변화가 고작 1~2년에 숨가쁘게 일어나는 세상이다. 너무 빠른 변화에 어떻게 대처해야 할지 난감할 지경이다. 그러나 이 변화를 읽어내고 그 변화의 핵심을 파악하여 선제적으로 대응해야 살아남는 게 현실이다.

　이런 주제를 다루는 책들이 쏟아지고 있는 건 더 이상 놀랍지도 않다. 이 책은 기존의 수많은 자기계발서나 미래예측서와는 달리 주체적이면서도 탁월한 결실을 성취할 수 있기 위해서, 그리고 이 빠른 변화가 주는 새로운 미래를 분석할 뿐 아니라 '유능하고 고독한 개인'이 아니라 '통찰력과 순발력, 인간의 가치에 대한 믿음과 공감'을 가진 사람들과의 결합을 통해 더 나은 힘과 가치를 만들어내야 하는 당위를 제시하고 있다.

머리와 마음 그리고 몸을 쓰는 법이 달라져야 변화하는 미래에 자아를 상실하지 않으면서 보다 높은 가치를 창출하고 보다 나은 세상을 만들 수 있다는 기본적 전제를 이렇게 분명하게 설정하고 전개하는 책은 흔치 않다. 단순히 바뀌는 것에 맞춰가는 것이 아니라 '내가 바꿔가야 할' 변화와 대응이 없으면 도태된다. 기존의 모든 패러다임이 어떻게 바뀌고 있는지를 명확하게 파악해야 성공적인 패러다임 시프트가 가능하다는 점에서 이 책은 현재와 미래에 대해 끊임없이 탐색하되 더 나은 새로운 가치를 만들어야 하는 시대정신을 정립할 것을 요구한다.

'가치 있는 비전'은 혼자의 힘으로 만들어지지 않는다. 한 명의 천재가 만 명을 먹여 살린다는 낡은 사고를 넘어 지식·관계·영성의 조화로운 스크럼이 필요하다. 영성을 중요한 요소로 간주하는 점은 매우 특이하다. 그러나 그것은 종교적 의미가 아니라 도덕적·인본적 사유와 행동의 근간이다. 스크럼은 한 사람의 탁월하고 독자적인 능력이 아니라 서로의 능력을 이해하고 공감하며 협력하는 연대이다. 단순히 뭉친다고 이루어지는 것이 아니라 미래의 의제agenda를 통찰하고 공유하는 새로운 관계의 정립이다.

스크럼은 어깨동무다. 민첩하고 기민하되 자율적으로 협업하는 수평적 관계의 결합이다. 조직문화가 가볍고 유연하여 구성원들이 창의적이고 도전적 사고로 뭉칠 수 있는 방식이다. 저자는 다양한 능력이 수평적으로 연결되고 협업되는 스크럼의 조직과

운용이 미래에 대응하고 보다 더 나은 가치를 만들어낼 수 있다고 주장한다. 이미 전문적 분야마저 인간보다 뛰어난 성과를 내는 인공지능이 속속 등장하고 있다. 그렇다면 이제는 새로운 커리어 설계를 준비해야 한다.

이 책은 흔한 자기계발서류의 책들과 달리 '원하는 일', '잘하는 일', '해야만 하는 일'을 일치시키면서 돈이 아닌 사람에 집중하고 목적과 비전을 공유하는 스크럼을 짜는 방법으로 일의 방향을 완전히 틀어야 하는 당위를 논리적으로 설명하며 적절한 예화를 통해 실감나게 전달하는 매력을 지니고 있다. 단순히 '나의 성공'이 아니라 '우리의 성공', 아니 그것을 넘어 '우리가 원하는 삶을 우리 힘으로 설계하고 구축할' 대책을 제시한다. 꿈과 현실은 이율배반적인 것이 아니라 조화롭게 달성될 수 있는 힘이 스크럼에서 만들어진다는 주장은 그저 그런 달콤한 유혹이 아니다. 지금 우리가 진지하게 고민하고 성찰하며 더 멋진 미래를 우리의 손으로 이루어낼 수 있어야 한다는 멋진 합창곡이다.

김경집 (인문학자, 《인문학은 밥이다》 저자)

세계 경제가 악화되면서 우리나라 경제도 많은 어려움에 처해 있다. 인플레이션과 경기침체 등 기업의 경영이 갈수록 어려워지면서 구조조정의 한파가 곳곳에 도사리고 있다. 때로는 유연하게 때로는 단단하게 뭉치고 전진하는 '스크럼'의 원리는 기업경영이나 자기경영 모두에 유용하다. 오랫동안 지켜봐 온 저자의 통찰을 통해, 이 책을 읽는 많은 사람들이 지금의 위기를 돌파하는 지혜를 얻기 바란다.

— 진대제(스카이레이크인베스트먼트 회장, 전 삼성전자 사장, 정보통신부 장관 역임)

175만 명의 회원이 활동 중인 '사색의향기'의 목표 중 하나는 관계증진이다.《스크럼의 힘》은 관계의 중요성을 근간으로 한 책이다. 팀의 업무를 위해 만든 스크럼이든, 자신의 역량을 위한 내면의 스크럼이든 견고하게 짜일수록 목표를 향해 나아가는 힘은 강력해질 것이다. 그동안 사양해왔던 책의 추천사를 실로 오랜만에 쓰지 않을 수 없게 만든 책이다.

— 이영준('사색의향기' 이사장)

미래 변화가 빠르다. 모든 시스템을 바꿔야 하는 변혁의 시대다. 챗GPT를 포함한 인공지능, 로봇 등이 인간의 생활 방식, 인간의 역량에 대한 새로운 방향을 요구한다. 미래 방향이 바뀔 때는 열심히 하는 것만으로 부족하다. 성공의 법칙, 생존의 법칙, 자기계발의 법칙을 바꾸는 것이 먼저다. 저와 함께 미래 변화를 연구했던 저자가 제시하는 '스크럼의 법칙'은 급하고 강한 미래 변화와 거대한 위기와 혼란 속에서도 흔들리지 않는 개인과 조직을 만드는 해법이 될 것이다.

— 최윤식(세계전문미래학자협회 이사, 《미중 패권전쟁과 세계경제 시나리오》 저자)

현재의 시점에 꼭 필요한 책이 나와 기쁘다. 센싱Sensing, 커넥팅 Connecting, 리믹싱Remixing, 유니팅Uniting, 매핑Mapping 능력이야말로 성공이란 별의 다섯 꼭짓점이다. 《스크럼의 힘》은 이 다섯 가지 필수 능력을 날카롭게 다듬어주는 실용적인 비즈니스 서적이자, 인문학적 지식을 풍성하게 키워주는 현대인들의 필독서다.

— 히사노 가즈요시((주)Connoway 대표이사, 아시아미래인재연구소 재팬 공동소장)

첫 장을 읽었을 때는 '대학 시절 이 책을 알았다면!' 하며 안타까웠고, 중간까지 읽었을 때 '창업할 때 이 책을 읽었다면!'이라고 한탄했지만, 책을 덮으며 '이제라도 읽어서 다행이다!'를 외쳤다. '스크럼'이라는 키워드로 21세기의 성공 공식을 명징하게 담은 이 책을, 오늘보다 나은 내일을 꿈꾸고 있는 사람이라면 절대 놓치지 말아야 할 것이다!

— 이수영(롱테일㈜ 대표이사)

차례 >>>

 1부   **변화의 물결은
파도가 아니라 해일이다**

무엇을 바꿀 것인가

3부 누구와 스크럼을 짤 것인가

4부 어떻게 할 것인가

**THE POWER OF
SCRUM**

1부

변화의 물결은
파도가 아니라 해일이다

'내가 왜 대학을 다니고 있지?'

대학생이라면 누구나 한 번쯤 이런 생각을 해봤을 겁니다.

'대학이 다 무슨 소용인가?'

그동안 사람들이 기를 쓰고 대학을 가려고 했던 이유는 자명합니다. 이런저런 개인적 상황이 있겠지만, 대부분은 '취업을 위해서'입니다. 대학 졸업장은 곧 취업의 필수 자격증이나 마찬가지였으니까요. 하지만 지금은 어떨까요? 현재 대학생들은 새로운 고민에 빠져 있습니다.

'무한 경쟁 사회에서 나를 내세울 만한 내 가치는 과연 무엇일까? 어떤 스펙을 얼마나 쌓아야 내가 기업의 눈에 들까? 곧 사회로 나갈 텐데 얼마나 더 많은 준비를 해야 하지? 사회에 먼저 진입한 경력자들을 따라잡을 수 있을까? 공부도 하고 스펙도 쌓고, 아르바이트도 해야 하는데 세 마리 토끼를 다 잡을 수 있을까? 내가 원하는 방향을 찾을 수 있을까? 원하는 방향을 찾더라도 그것이 내 미래를 보장해줄 수 있을까?'

온갖 걱정이 마음속 깊이 똬리를 틉니다. 늘 초조하고 불안합니다. 청년들이 원하는 곳에 취업하기란 낙타가 바늘구멍에 들어가기입니다. 희망 직장은 공공기관, 대기업, 중견기업, 중소기업 순인데 현실은 정반대입니다. 대부분 임시직이거나 중소기업입니다.

최근 늘어난 청년 취업자 가운데 임시직 증가분은 전체의 70퍼센트에 달합니다. 청년 취업자 10명 중 7명은 1년 미만의 단기 계약자입니다. 대부분 편의점이나 건설현장 노동자, 배달원, 건물 청소원, 경비원, 가사·육아 도우미 등 숙련도가 요구되지 않는 단순하고 일상적인 업무입니다. 대학 시절 그토록 '노오력' 했지만 취업 시장은 차갑기 그지없습니다.

상황이 이렇다 보니 청년들도 이젠 포기한 모양입니다. 2021년 한 취업 포털 사이트의 조사에 따르면, 대졸 취업준비생 10명 중 7명은 '첫 직장으로 중소기업도 좋다'고 답했습니다. 아예 취업을 포기하는 청년까지 크게 늘었습니다. 이른바 '취포세대'입니다. 특히 코로나19 대유행 이후 더 심해졌습니다. 통계청 자료에 따르면 2021년 3월 청년 실업자는 41만 명을 넘었습니다. 청년 체감실업률(실업자와 더 일하고 싶어 하는 취업자 및 잠재 구직자를 모두 포함한 확장실업률)은 26퍼센트를 상회합니다. 다시 말해 사회에서 일할 마음이 있는 청년 중 4분의 1 이상이 실업자이거나, 너무 적은 시간만을 일해 추가 취업이 필요한 초단시간 취업자였다는 뜻입니다.[1]

이것이 뉴 노멀입니다
_40대 은퇴시대

직장인이라고 다를까요? 직장인들 역시 불안하고 고민에 빠져 있습니다. 한 직업 포털 사이트의 조사에 따르면, 한국에서 직장인 5명 중 4명은 지금 하는 일이 자신의 적성과 맞지 않는다고 합니다. 좋아하는 일보다는 그럭저럭 할 수 있는 일을 하고 있다는 것이죠. 심지어 2명 중 1명은 "적성에 맞는 일을 할 수만 있다면 연봉이 깎이는 것도 감수할 수 있다"고 답했습니다.

이들은 업무만 생각하면 가슴이 갑갑하게 조여오고 매일매일 출근하는 길이 죽기보다 괴로울 때가 많습니다. 매일 사직서를 제출하고 싶은 충동과 싸워야 합니다. 열정도 사라졌고 매일 똑같은 업무로 매너리즘에 빠져 있습니다. 하지만 쉽게 퇴사를 결정

할 수는 없습니다. 생계와 가족을 생각하면 망설여지죠. 그래서 끝없는 고민에 빠집니다.

"적성에 맞지 않는 일을 하며 얼마나 더 버틸 수 있을까? 여기서 과연 원하는 꿈을 이룰 수 있을까? 직장을 옮기면 달라진다는 보장이 있을까?"

힘들게 회사에 다니고 있는 것도 문제인데, 회사의 평균 수명도 짧습니다. 세계 500대 기업의 평균 수명은 40~50년 정도를 유지하지만, 국내 코스피 상장 기업들 평균 수명은 33년 정도에 불과합니다. 그리고 전체 기업의 99.9퍼센트, 근로자의 83퍼센트, 매년 취업자의 90퍼센트 이상을 차지하는 300인 미만 중소기업의 평균 수명은 고작 10.7년입니다. 만일 취업을 한다면 10명 중 9명은 중소기업에 입사하게 되고, 그 회사의 업력business history이 7년이라면 앞으로 3년 후면 그 회사가 사라질 가능성이 큽니다. 다시 새로운 직장을 구해야 한다는 뜻입니다. 이런 상황이니 근속 연수도 짧을 수밖에요. 일부 대기업이나 공공기관을 제외하면 한 회사에서 머무는 근속 연수는 평균 4~5년입니다. 이리저리 직장을 옮겨 다니다 보면 어느덧 40대 후반으로 접어듭니다. 그리고 어느 날 화들짝 놀라게 됩니다. 암암리에 회사에서 은퇴 압력을 받는 자신을 발견하기 때문이죠.

통계청에서 발표한 〈2021년 경제활동인구조사〉에 따르면, 우리나라 근로자가 주된 일자리에서 퇴직하는 나이는 평균 49.3세입니다. 50대에 접어들면 더는 안정적인 월급을 주는 직장에 머무르기 힘들다는 뜻입니다. 회사의 퇴사 압력도 점점 거세집니다. 현재 업무와 전혀 관련이 없는 다른 부서로 배치 받거나, 아예 업무에서 배제되기도 하고, 직무 유기나 근무 태만을 문제 삼기도 합니다. 아예 대놓고 말하는 경우도 있습니다. "계속 같이 간다면 너만 힘들어져. 직원들도 널 원치 않아."

불안한 마음에 이곳저곳 이력서를 넣어 보지만 나이 제한에 걸리고 연봉에 걸리기 일쑤입니다. 갈 곳이 마땅치 않습니다. 이력서를 낸 기업의 인사 담당자도 선입견을 가질 수밖에 없습니다.

'일할 사람이 넘치는데 왜 굳이 50대를 써야 하나? 또 한 직장에서 오랜 기간 근무한 탓에 고개가 뻣뻣할 거야.'

설사 재취업에 성공하더라도 안정적인 직장 생활을 기대할 수 없습니다. 한 은퇴연구소의 조사에 따르면 40대 후반, 50대 초반은 퇴직해 5개월을 준비 후 새로운 일자리를 구하지만 2년을 버티지 못하고 튕겨 나가고, 다시 어렵게 재취업을 하지만 또다시 튕겨 나가는 악순환이 반복되면서 늙어가고 있습니다.[2] 40대 후반부터 보험이나 다단계 네트워크 판매업에 뛰어드는 사람이 많은 이유입니다.

직장인은 결국 40대 후반이 되면 회사라는 커다란 우산 밖으로 나와야 합니다. 우산이 사라지면 더는 안락지대에 머물 수 없습니다. 모든 것이 낯설고 두렵지만 생존을 위해 남은 50년을 '홀로'

허허벌판에서 싸워야 합니다.

창업자의 불안감은 더 심합니다. 창업을 결심한 순간부터 수많은 고민들이 밀려옵니다.

'내 아이디어가 과연 시장에서 통할까? 그 아이디어를 제대로 실현할 수 있을까? 아이디어를 실현해도 과연 시장에서 성공할 수 있을까? 또 자금 확보는? 새로운 판로는 어떻게 뚫지?'

녹록치 않은 현실을 통계가 말해줍니다. 한 해에 90만 곳이 창업하고 70만 곳이 폐업합니다. 창업 기업의 5년 생존 확률은 30퍼센트 미만이고, 10년 생존율은 16퍼센트에 불과합니다. 10개 기업이 창업하면 5년 내 7개 기업이 사라집니다. 10년 후에는 겨우 한두 개 기업만 살아남습니다. 지극히 낮은 성공확률에 자신이 가진 모든 시간과 돈을 쏟아붓습니다.

일단 창업을 하려면 자금이 필요합니다. 처음에는 창업자가 가진 현금이나 신용대출을 통해 자금을 끌어 모아 사업을 시작합니다. 하지만 곧 현금이 바닥나기 때문에 벤처캐피탈VC 회사로부터 투자유치를 해야만 합니다. 하지만 투자유치가 쉽지 않습니다. 중소벤처기업부에 따르면, 2019년 1월부터 9월까지 신설법인이 약 8만 개이고 그중 소위 청년창업(만 39세 이하)이 2만 2,000개 수준인 데 반해 2019년 투자 건수는 단 615건에 불과했습니다.

또 성공한 국내 1세대 벤처 창업자들이 투자에 뛰어들면서 만들어낸 학맥과 인맥이 투자소외를 불러오기도 합니다. 네이버나

소프트뱅크벤처스처럼 대형투자사로부터 투자유치를 성공한 스타트업 창업가의 상당수가 서울대, 고려대, 연세대, POSTECH, 카이스트 또는 해외 유명대학 출신들입니다. 비즈니스 모델보다 학맥과 인맥이 스타트업 투자유치의 결정 요인이라는 말까지 나옵니다. 인적 네트워크가 뛰어나지 못하면 성장성 있는 기업이라도 초기 투자를 유치하기가 쉽지 않습니다.

그런데 투자유치는 본격적인 사업을 위한 시작일 뿐입니다. 그때부터는 필요한 인재의 부족이나 판로 개척에도 어려움을 겪게 됩니다. 회사가 정말 필요로 하는 경력직 고급 인력이 갓 출발한 스타트업에 쉽게 올 리 없고, 신입사원을 뽑아 힘들게 교육하면 다른 회사로 이직하기 일쑤입니다. 판로 개척에도 어려움을 겪습니다. 고객을 끌어 모으기 위해 막대한 마케팅 비용을 지출해도 곧바로 성과가 나지 않습니다. 매출은 늘지 않는데 비용만 점점 눈덩이처럼 불어납니다. 투자금을 모두 소진하고 자본 잠식 상태에 빠지면, 그 후는 고통의 연속입니다. 대한민국 창업의 현실입니다. 대표라는 자리는 겉으로는 화려해 보이지만, 항상 외롭고 고독합니다.

어느 날 문득, 망망대해에 홀로 떠 있는 느낌이 드는 건 나 혼자만이 아닐 겁니다. 많은 학생, 직장인, 창업가들이 한 치 앞도 장담할 수 없는 상황 속에서 방황하고 있습니다. 이 난관을 어떻게 헤쳐나가야 할까요?

창직이 출발이다

우리는 세상의 변화를 이해해야 합니다. 단단한 개인이 되고, 단단한 팀을 짤 수 있어야 합니다. 이를 위한 방법론에 앞서, 앞으로 꼭 알아야 할 핵심 키워드를 하나 소개하겠습니다. 참고로 생존을 위한 힌트이기도 합니다. 바로 '창직'입니다.

이 단어가 다소 생소한 분도 계실 겁니다. 창직의 의미를 이해하려면 구직 Job seeking과 창직 Job creation의 차이를 알아야 합니다. 기존에 있는 직업을 찾으면 구직이고, 새로운 직업을 만들면 창직입니다. 고용노동부에서는 창직을 '개인의 재능과 아이디어를 적극적으로 현실화하여 경제적, 예술적, 사회적 가치를 창출해 냄으로써 창조적으로 일감과 일자리를 만들어 나가고 자기 주도적으로 직업과 일자리를 개척하는 활동'으로 설명합니다. 한국창직협회에서는 '스스로 자신의 적성 분야에서 재능과 능력에 맞게 창의적인 아이디어를 바탕으로 새로운 직업이나 직무를 발굴하여 노동시장에 보급하는 것'으로 정의합니다.

과거 '1인 창조기업'이라는 단어가 많이 유행했습니다. 하지만 주요 직종이 예술 및 문화 쪽에 치우쳐 있었고, '1인'이란 개념이 지나치게 강조된 문제가 있었습니다. 하지만 현재 창직을 하는 분들은 1인 기업보다는 팀을 구성하거나 네트워크를 기반으로 공동 활동을 하고 있습니다. 따라서 한마디로 창직은 '자신의 적성과 재능을 바탕으로 팀이나 네트워크를 이뤄 창의적인 아이디어를 통해 새롭게 직업을 만들고, 일자리를 창출해 사회적 가치를 높이는 활동'이라 할 수 있습니다.

창직은 또 창업과도 다릅니다. 창업은 특정 사업을 추진하기 위해 기업을 설립하는 행위입니다. 그래서 시작부터 자금과 조직이 필요합니다. 실패할 확률도 높죠. 반면 창직은 신직업 또는 신직무의 발굴을 통해 취업이나 자유업, 사회적 활동이 가능합니다. 일정 수준 이상의 사업 역량이 생겼을 경우에는 팀을 이루고, 자금을 조달해 창업을 할 수도 있습니다. 따라서 창직은 새로운 직업(직무)을 발굴함으로써 '취업'과 '창업' 그리고 '자유업'이나 '사회적 활동'까지 가능한 출발점입니다.[3]

예를 들면 에코 라이프 디자이너, 미래 캐스터, 관점 디자이너,

푸듀케이터, 반려동물 상조 전문가, 업사이클러, 메시지 필름 제작자, 메타버스 건축가, 아바타 디자이너 등 기존에는 존재하지 않던 독특한 이름의 직업이 그것입니다. 여러분이 창직에 주목해야 하는 큰 이유는 다음과 같습니다.

- 지금 내가 하는 일이 곧 사라질 수 있다
- 은퇴 후에도 40년 이상 일해야 한다
- 부를 쌓을 수 있는 신세계가 열리고 있다
- 기쁘고 행복한 삶을 살 수 있다

비즈니스 세계는 창직 친화적으로 진화 중이며, 이런 흐름을 만들어낸 심층적 힘은 '정보'와 '사람의 일'과 '사물'의 근본적 변화입니다. 이 심층원동력이 가공할 속도로 세상을 바꾸고 있습니다. 앞으로 10년 후면 지금과는 완전히 다른 세상이 펼쳐질 것입니다. 지각변동을 일으키는 강력한 심층원동력에 대해 각각 살펴보겠습니다. 이제 기존 관념을 바꿔야 할 시간입니다.

정보가 변하고 있다

세상의 변화를 살펴보기 위해서는 일정한 기준이 있어야 합니다. 이 기준이 관점이 되기도 합니다. 일반적으로는 사회적(S), 기술적(T), 경제적(E), 환경적(E), 정치적(P) 기준을 중심으로 많이 분석합니다. 소위 'STEEP' 분석입니다. 하지만 여기서는 다른 기준, 즉 정보와 사람 그리고 사물의 관점에서 어떤 변화가 나타나고 있는지 알아보겠습니다.

정보Information란 '의미가 부여된 자극'입니다. 외부의 자극이 머릿속in에서 구체적인 형태form로 만들어져 의미를 부여할 수 있게 된 것이죠. 그런데 지금 이 정보의 형태와 종류가 크게 바뀌고 있습니다. 정보의 가장 큰 변화는 그 형태에 있습니다.

먼저, 정보가 조각조각 나뉘며 파편화하고 있습니다. 책이 디지털화되면서 책의 내용이 조각조각 나뉘어 인터넷을 떠돕니다. 지상파 뉴스가 꼭지별로 나뉘어 인터넷에 오릅니다. 예능 방송 하이라이트는 쪼개져 나옵니다. 소셜미디어 트위터twitter는 글자를 280자 단위로 쪼갰습니다. 동영상 플랫폼 틱톡Tiktok은 영상을 10초로 나눴습니다. 유튜버들도 드라마 속 장면을 쪼개서 여러 밈Meme들을 만들어내고 있습니다.

과거에는 무의미한 정보가 의미 있는 정보로 변하고 있습니다. 먼저, 개인의 일상 정보입니다. 매일의 나의 행동 일거수일투족이 디지털로 기록되고 있습니다. 내가 야외 어느 곳을 돌아다녀도 곳곳에 설치된 CCTV가 나의 행동을 기록합니다. '2016 행정자치 통계연보'에 따르면 이미 한국은 공공 CCTV 약 74만 대, 건물 내 CCTV 약 76만 대, 자동차 블랙박스는 450만 대를 기록하고 있습니다. 지금은 그 숫자가 훨씬 늘었겠죠? 2022년 통계청 발표 자료를 보면 공공 CCTV는 약 145만 대로 두 배나 늘어났습니다. 하루에 우리가 CCTV에 찍히는 횟수는 얼마나 될까요?

국가인권위원회에서 조사한 바에 따르면 하루 평균 83.1회, 심지어 이동 중에는 9초에 한 번꼴로 노출된다고 합니다. 과거에는 이런 정보가 큰 의미가 없었습니다. 하지만 오늘날 CCTV 정보는 범법자를 식별하고 추적합니다. 감시당한다는 불편한 감정을 느낀 분들이라면 집에만 머물러야 합니다.

하지만 집도 더는 프라이버시가 보장되는 공간이 아닙니다. 최근 집에도 홈 CCTV를 장만한 사람이 많으니 자는 시간까지 24시간 CCTV로 기록되는 세상입니다. 심지어 집에서 내가 가족들과 하는 말이나 혼자서 중얼거리는 말까지 디지털로 기록되고 있습니다. 놀라셨나요? 그 감시자는 바로 인공지능 스피커입니다. 인공지능 스피커는 나의 말을 엿듣고 분석하고 기록해 학습하고 응용합니다. 이미 지난 2019년 아마존, 구글, 애플, 페이스북, 마이크로소프트 등 글로벌 IT기업들이 인공지능 스피커를 통해 사용자의 대화를 엿듣고, 녹음하고, 기록하고 있다는 사실이 드러난 바 있습니다.[4] 정보는 또 나를 따라다닙니다. 온라인상에서 나의 행적이 디지털로 고스란히 기록되기 때문입니다. 인터넷이나 모바일에서 내가 돌아다닌 흔적, 소위 '디지털 발자국'은 모두 추적되고 기록돼 데이터베이스에 쌓입니다. 인공지능은 그 데이터를 분류하고 분석하고 판단하고 예측합니다. 그래서 어디선가 한 번 본 상품이 내가 어딜 가더라도 나를 쫓아다니며 봐 달라고 졸라 댑니다. 여러분의 PC 화면 한쪽엔 지난번 클릭했던 이런저런 광고가 얼굴을 빼꼼히 들이밀고 있을 겁니다.

정보는 이제 인간의 감각이 미치지 않는 곳까지 기록합니다. 구글은 전 세계 도로 구석구석을 카메라가 달린 차량으로 누비며 세상을 디지털로 기록하고 있습니다. 심지어 바닷속까지 디지털로 기록하고 있지요. 하늘 위에서는 저궤도 인공위성이 자동차의 위치, 항만 컨테이너 숫자, 유통업체 주차장 현황, 원유 저장 현황, 농작물 성장 과정을 디지털로 기록합니다. 이를 통해 다양한 서비스를 만들어내고 원유나 농산물 가격까지 예측해냅니다. 심지어 살아 숨 쉬는 사람의 신체 정보까지 디지털로 복제해 '아바타 환자'를 만드는 시도까지 이뤄지고 있습니다. 설마라고요? 여러분의 생체 정보 역시 이미 디지털로 기록되고 있습니다. 스마트폰에서 지문 인식을 통해 결제하시는 분들이라면 여러분의 생체 정보는 기업의 서버에 저장되고 이용됩니다. 일부 은행권에서는 정맥이나 홍채 인증을 통해 ATM기를 사용하는 서비스를 내놨습니다. 최근에는 금융권에 손바닥 정맥 정보를 등록하면 공항에서 별도 등록 및 신분증 확인과정 없이 국내선 항공기에 탑승할 수 있는 서비스도 탄생했습니다.[5] 지금 땅 위에서, 하늘에서, 바다 밑에서 그리고 우리 몸속 구석구석에서 과거에는 상상도 할 수 없었던 수많은 종류의 정보가 쏟아져 나오고 있습니다.

정보가 디지털로 기록되면서 쪼개지고, 확산하며, 새롭게 탄생하고 있습니다.

디지털 지구의 자전은 빠르다

이렇게 모든 정보가 디지털화되면 크게 4가지 변화가 생깁니다. 먼저 정보의 생산 주체가 사람이 아닌 인공지능으로 바뀝니다. 온라인 트래킹이나 센서를 통해 디지털화된 정보를 분석, 조합, 해석, 예측한 결과물의 질은 인간이 생산한 정보의 질보다 월등하게 됩니다. 그 결과 정보와 우리의 관계도 바뀌게 될 것입니다. 과거에 인간은 정보의 '축적과 생산'의 주체였다면 다가올 미래 인간은 정보의 '관리와 활용'의 주체가 될 것입니다. 정보를 다룰 수 있는 능력이 중요해집니다. '정보의 지식화'가 아닌 '정보의 지혜화'가 중심으로 떠오르는 사회가 됩니다.

디지털화된 세상에서는 정보의 유통기한도 무척 짧아집니다.

끊임없이 새로운 정보가 생성되고 연결되면서 동시에 빠르게 소멸하고 변형됩니다. 이미 공과 대학에서는 1년만 지나도 선배들의 교재를 물려받아 사용할 수 없습니다. 새롭게 바뀌는 내용이 너무 많기 때문이죠. 앞으로는 30일만 지나도 정보를 갱신하지 않으면 흐름에 뒤처지게 될 것입니다. 극단적으로 표현하면 오늘의 정보가 내일은 쓰레기가 됩니다. 끊임없이 세상을 관찰하고 정보를 새롭게 업데이트할 수 있는 능력이 중요해집니다. '평생 학습'이라는 말은 단순한 미사여구가 아닙니다. 생존의 언어입니다.

디지털화된 정보는 또 한곳에 머물지 않고 사물 네트워크를 타고 역동적으로 뻗어갑니다. 디지털화 이전의 정보는 책이나 종이 그리고 인간의 감각에 의지해 전달됐습니다. 하지만 디지털로 변신한 정보는 TV, PC, 스마트폰. 자동차는 물론 냉장고, 거울, 책상, 컵, 신발, 옷 등 디지털 네트워크로 연결된 사물에서 나타나고 있습니다. 우리는 이 네트워크를 '사물 인터넷IoT'이라고 부릅니다. 따라서 앞으로 정보contents는 어떤 맥락context에서 어떤 사물container을 통해 전달하느냐가 중요한 경쟁력의 요소가 될 것입니다.

마지막으로 정보의 디지털화는 현실 세계를 똑같이 복제한 디지털 세계를 탄생시키고 있습니다. 최근 많은 관심을 받는 '디지털 트윈digital twin'기술과 '메타버스metaverse'가 바로 그것입니다. 현실 세계의 정보가 완전히 디지털화한 세상입니다. 현실을 완벽히 복제하고 더 나아가 현실 지구에서는 절대 구현할 수 없는 확장된^{augmented} 세상까지 펼쳐집니다. 거대한 디지털 지구가 지금 서서히 우리 앞에 모습을 드러내고 있습니다. 메타버스 세계는 시뮬레이션과 판타지의 세계입니다. 현실에서 경험할 수 없는 경험을 미리 체험하게 하거나, 상상 속의 세계를 가상의 이미지로 만들어 문제를 해결합니다. 그래서 존재하지 않는 정보를 생각하고 만드는 상상력과 창의력이 중요해집니다.

정보를 관리하고 활용할 수 있는 힘, 끊임없이 정보를 갱신하고 습득하는 힘, 정보의 맥락을 만들고 전달하는 힘, 새로운 정보를 생각하고 만드는 힘. 이 4가지는 미래를 대비해 필수적으로 갖춰야 할 핵심 역량입니다.

- 정보 활용력
- 정보 습득력
- 정보 전달력
- 정보 창출력

머리 쓰는 일이 변화하고 있다

사람이 하는 일에도 커다란 변화가 생기고 있습니다. 사람의 일이란 무엇일까요? 사람은 아래처럼 크게 3가지 일을 합니다.

– 머리 쓰는 일

– 몸 쓰는 일

– 마음을 쓰는 일

지금 이 세 분야가 변하고 있습니다. 인공지능과 자율 로봇의 등장 때문입니다. 인공지능은 놀라운 속도로 인간의 수준을 뛰어넘었거나 넘어서고 있습니다. 머리 쓰는 일인 암기와 계산 그리고 추론의 속도 부분에서는 이미 인간은 인공지능을 따라잡을 수 없지요. 특히 2016년 이세돌 9단과의 바둑 대결에서 승리한 알파고 리의 등장은 그 분기점을 알리는 신호탄이었습니다. 알파고는 불과 몇 개월 만에 지난 40년간 바둑기사들의 경기 기보 16만 건을 학습했습니다. 인간이라면 불가능한 일이죠. 그 후 얼마 지나지 않아 인간의 기보에 의존하는 지도학습 없이 바둑 규칙만으로 스스로 학습하며 기력을 향상시키는 알파고 제로가 등장했습니다. 놀라운 사실은 알파고 제로가 독학 36시간 만에 알파고 리의 수준을 능가했고, 72시간 만에 알파고 리와 대국에서 100대 0으로 단 한 번도 패하지 않았다는 것입니다.

앞으로 기존의 데이터를 바탕으로 의사결정을 내리는 직업은 인공지능의 위협을 크게 받게 될 것입니다. 대표적인 직업으로 판사, 검사, 변호사, 의사 등을 꼽을 수 있습니다. 이미 미국 클리블랜드, 애리조나, 켄터키, 알래스카 주에선 AI '보조 판사'가 인간 판사에게 초벌 판결을 제안하고 있습니다. 심지어 에스토니아에서는 2019년부터 소송 가액이 7,000유로 이하인 소액 사건의 경우 AI 판사가 판결을 내릴 수 있도록 했습니다. 인공지능의 습격은 단지 해외에서만 발생하고 있는 일이 아닙니다.

2020년 말 한국 대법원은 민사 손해배상 사건에 한해 AI를 도입하는 방안을 검토하기로 했습니다. 우리나라도 AI 판사 도입이 코앞으로 다가온 것입니다.[6] 변호사도 마찬가지입니다. 변호사시험이 수험생의 판례나 법리에 관한 암기 내용을 단시간에 풀어내는 능력 테스트에 초점이 맞춰져 있는 까닭에 인공지능이 본격적으로 도입된다면 변호사의 역할도 크게 줄어들 것입니다. 2018년에 한국에도 인공지능 변호사인 '유렉스'가 모 로펌에 입사하였다고 화제가 된 바 있습니다. 이 인공지능 변호사는 그동안 변호사들이 며칠씩 걸려서 검색하고 분석해왔던 관련 판례나 법 조항을 수 초 만에 분석하는 괴력을 보여주었다고 합니다.

의사의 진단을 돕던 인공지능 역시 서서히 의사를 대체할 조짐을 보입니다. 최근 WHO는 '결핵검진 통합 가이드라인'에서 세 곳의 업체를 소개하고 이들 업체의 인공지능 결핵 진단 소프트웨어가 '전문의를 대체할 수 있다'고 명시했습니다.[7] 보조를 넘어 대체의 영역까지 인공지능 기술이 발전한 것입니다. 물론 모든 업무를 대체할 수는 없겠지만 상당 부분 영향을 미칠 것은 분명합니다.

인공지능의 발전은 두려울 정도로 빠릅니다. 최근 인공지능은 뉴런의 진화 방식을 모방하며 인간의 뇌에 점점 가까워지고 있습니다. 2020년 말 이성환 고려대 교수팀은 실제 인간 뇌의 뉴런이 연결하는 방식대로 학습하는 인공지능을 개발했다고 발표했습니다. 아직 기초과학 분야의 초기 성과입니다만, 단순히 인간이 입력한 데이터에 의해 학습하는 것이 아니라, 인공지능 스스로 알고리즘을 짜는 시대가 도래하고 있음을 나타내는 징후입니다.

기업들도 바빠졌습니다. LG는 2021년부터 3년간 1억 달러를 투자해 상위 1퍼센트 전문가 수준의 학습, 사고, 판단, 추론 능력을 갖춘 '초거대 인공지능'을 개발하겠다고 발표했습니다. 1초에 9경 5,700조 번의 연산 처리가 목표입니다.

마이크로소프트와 오픈AI는 '챗GPT'를 공개해 세상을 깜짝 놀라게 하고 있습니다. 챗GPT는 오픈AI에서 만든 인공지능 챗봇입니다. 이용자가 챗GPT에게 질문을 던지면, 순식간에 엄청난 데이터를 조사해 답변을 내놓는데요. 그 정확도가 혀를 내두를 지경입니다. 기본 작문은 물론이고 전문가 수준의 논문도 술술 써냅니다. 이 AI는 미국 의사면허 시험과 로스쿨 시험을 통과한 천재이자, 농담 따먹기도 잘하는 재담가이자, 시와 소설을 쓰는 예술가이기도 합니다. 비즈니스 세계에서는 어떤 역할을 할지 무궁무진한 챗GPT의 능력은 가늠하기도 어렵습니다. 해외 언론에서는 챗GPT에 대해 감탄을 넘어 카오스라고 표현하기도 합니다. 빌 게이츠는 챗GPT의 등장이 "인터넷 발명만큼이나 중대한 사건"이라고 말하기까지 했죠. 마이크로소프트는 이미 이 사업에 100억 달러를 추가 투자하겠다는 계획을 발표했고, 2023년 3월부터 챗GPT의 인공지능 기술을 자사의 검색엔진 빙Bing에 도입할 거라 밝혔습니다. 국내에는 벌써부터 직장인들이 챗GPT를 어떻게 업무에 활용할지에 대해 스터디 그룹을 만들어 열공 중이라고 합니다.

인간은 앞으로 계산이나 분석 또는 추론 및 판단에 머리를 쓰는 일을 점점 하지 않게 될 것입니다. 대신 '새로운 기술을 어떻게 사회문제 해결과 욕구 충족에 사용할 것인가' 하는 적용과 응용 부분에 머리를 쓰는 일이 많아질 것입니다. 기술의 발전 속도에 비해 기술의 활용 속도가 현저히 뒤처지기 때문입니다. 그래서 우리에게 필요한 힘은 바로 집단지성을 통해 기술을 이해하고 활용하는 능력입니다. 소위 '기술 지능'이죠.

　변하는 세상에 효율적으로 적응하도록 계획을 세우고 규칙이나 모델을 만드는 '기획력' 역시 점점 중요한 역량이 됩니다. 복잡하고 유기적으로 변하는 인간 세상에는 빠르고 정확하게 머리를 쓰는 인공지능보다, 느리더라도 유연하게 머리를 쓰는 인간이 더 적합하기 때문입니다. 규칙을 따르는 일은 인공지능이, 규칙을 만드는 일은 인간이 해야 합니다. 우리가 규칙을 따르는 일을 하다가는 언제 자신의 일자리를 잃어버릴지 모릅니다.

몸을 쓰는 일도 달라진다

몸을 쓰는 일에도 인공지능 로봇이 빠르게 침투하고 있습니다. 제조공장, 건설현장은 물론 음식점, 배달까지 단순 업무에서부터 로봇이 인간의 몸을 대체하기 시작했습니다. 스마트팩토리 열풍으로 생산 라인과 물류에 로봇이 투입되고, 호텔에서 로봇이 접객을 하고, 음식점에서는 로봇이 요리를 합니다.

이런 흐름은 단순 업무에만 국한되지 않습니다. 소셜 네트워크에서 영향력을 행사하는 인플루언서influencer 영역에도 인공지능이 진입했습니다. 가상 인플루언서는 가상의 디지털 인물이지만, 마치 실존하는 것처럼 행동합니다. 가상의 인물임을 뻔히 아는 팔로워들 역시 인플루언서 행동이 마치 진짜인 것처럼 반응합니다.

세계에서 가장 유명한 가상 인플루언서 릴 미켈라^{Lil Miquela}의 2022년 인스타그램 팔로워 수는 무려 300만 명을 넘었습니다. 미국 LA에 거주하고 있고, 양 갈래 올림머리와 주근깨가 트레이드마크입니다. 정치적 성향도 있어 지지하는 정당이 있고, 인권 문제에도 관심이 많습니다. 실제 인플루언서들처럼 프라다, 샤넬, 베트멍, 발렌시아가 등의 브랜드 광고 캠페인에 참여하기도 했습니다. 가상의 캐릭터가 실제 인간의 몸을 대체하고 있는 것입니다.

인공지능은 심지어 죽은 가족의 몸까지 살려냅니다. MBC의 한 다큐 프로그램에서는 세상을 떠난 아내를 그리워하는 남편에게 큰 선물을 줬습니다. 다섯 아이들과 남겨진 그가 VR로 재현된 아내를 만나게 된 것입니다. 눈물을 흘리며 재현된 아내와 이야기하던 그의 모습은 많은 시청자들에게 감동을 줬습니다. 인공지능과 가상현실(VR) 기술이 인간에게 죽은 이들과 조우할 수 있는 시대를 열어 준 것입니다. 바야흐로 '디지털 휴먼' 시대가 우리 앞에 성큼 다가왔습니다.

앞으로도 우리는 계속해서 몸을 쓸 것입니다. 하지만 경제적 활동을 위해 몸을 쓰는 일은 줄어들 겁니다. 대신 인공지능을 이용해 자신의 몸을 가꾸거나, 꿈을 실현하기 위한 활동 또는 사회적 가치를 드높이는 활동에 몸을 쓰는 일이 많아질 것입니다.

마음을 쓰는 일도 달라진다

마음을 쓰는 일은 인공지능에 쉽게 자리를 내주지 않을 것 같다는 생각이 들기도 합니다. 실제로 창작, 공감, 위로 등 마음 쓰는 일은 인공지능이 대체하지 못할 인간의 고유 영역이라는 의견이 많습니다. 하지만 이마저도 의심받는 일들이 점점 많이 생겨나고 있습니다.

2018년 이미 피카소 같은 유명 화가의 화풍을 학습해 그려내는 인공지능 화가 '오비어스Obvious'가 등장했습니다. 이 인공지능이 그린 초상화는 크리스티 뉴욕 경매에서 무려 5억 원이 넘는 금액으로 낙찰됐습니다. 이날 경매에 함께 출품된 미국 팝아트의 거장 앤디 워홀의 작품 낙찰가보다 6배나 비싸게 팔렸다고 합니다.

인간의 작품보다 로봇이 그린 작품의 값어치가 더 높게 매겨진 것입니다.

"우리는 우리가 옳다는 것을 결코 확신할 수 없으며, 오직 우리가 틀렸다는 것만 확신할 수 있다."

참 멋진 말이지요? 누가 이 문장을 만들었을까요? 놀랍게도 이 문장은 챗GPT를 개발한 오픈AI의 'GPT-3'이라는 초거대 인공 지능이 트위터에 올린 글입니다. GPT-3은 기존에 없던 격언들을 만들어 트위터에 주기적으로 올린다고 합니다. 이 인공지능은 기존 딥러닝 AI보다 적은 양의 단어만 학습하고도 사람과 자연스럽게 대화하고 문장과 소설을 창작합니다. 그의 작품을 감상하려면 트위터 계정 'Wisdom_by_GPT3'을 팔로우하면 됩니다.

공감을 나누며 인간을 치료하는 인공지능 로봇도 있습니다. 2018년 미국 예일대 연구진은 인간의 표정을 읽고 공감하는 말을 건네는 자폐 치료용 소셜 로봇을 개발했습니다. 매일 30분씩 한 달 동안 12명의 자폐 아동을 대상으로 소셜 로봇을 이용해 사회성 훈련을 시킨 결과, 아이들이 전반적으로 사회성 측면에서 성장한 모습을 보였다고 합니다. 한 달이 지난 후에도 자폐 아동과 부모들이 로봇과 함께하는 것을 즐겼고, 로봇이 주변에 없더라도 좋아진 모습을 유지하고 있었다고 하니 심리 치료에도 인공지능이 활약할 날이 머지않은 듯합니다.

최근에는 인공지능이 자신이 아닌 다른 입장에서 주변 환경을 인지하는 기초적인 공감 능력을 보일 수 있다는 연구결과까지 발표된 바 있습니다. 호드 립슨 미국 컬럼비아대 기계공학과 교수 연구팀은 로봇이 시각적인 관찰만으로 학습해 다른 로봇의 시야를 예상하고 향후 이뤄질 행동을 예측할 수 있다는 연구결과를 2021년 1월에 발표했습니다. 최근 LG전자는 이용자의 음성과 얼굴 상태를 파악해 가정 내 전자기기를 조절하는 기술로 특허 등록을 받았습니다. 직장에서 잔뜩 스트레스를 받고 들어온 사용자를 분석해 조명이나 냉장고 등에서 유쾌한 음악을 틀어주는 식입니다. 머지않은 미래에는 병원을 찾아가는 대신 집안에서 인공지능에게 심리치료를 받게 될지도 모르겠습니다.

인공지능은 서서히 마음을 쓰는 일까지 진입하고 있습니다. 하지만 우리는 여전히 마음을 쓰는 일을 할 것입니다. 다만 마음을 쓰는 대상이 타인이 아니라 자기에게 집중될 것입니다. 복잡하게 얽힌 세상에서 받는 불안과 스트레스를 줄이기 위해 다양한 예술적 활동을 통해 카타르시스를 느끼며 감정을 정화하고, 가상적 체험을 통해 지적 자극을 받고 학습하며, 영적인 충만감에 더 많은 마음을 쏟게 될 것입니다.

또 창조적인 일에도 마음을 쓰게 될 것입니다. 인공지능이 할 수 없는 일 중 하나는 바로 규칙을 깨는 것입니다. 정해진 알고리

즘에 따라 작동하는 인공지능은 알고리즘을 벗어나면 '오류error'
메시지를 보내며 작동을 멈춥니다. 반면 인간은 의도적으로 오류
를 만들 수 있습니다. 그리고 이를 통해 오히려 새로움을 창조합
니다. 오류는 통념과 규칙을 깸으로써 나타납니다. 예술의 역사를
살펴보면 통념을 깨는 위반을 통해 수많은 명작들이 탄생했습니
다. 마르셀 뒤샹은 소변기를 전시하거나 자전거 바퀴를 전시장에
거꾸로 매달며 세상을 놀라게 했습니다. 스티브 잡스는 묶여 있
는 음반을 개별적인 음원으로 바꿔버렸고 이동 전화기를 이동 인
터넷으로 바꿔버렸습니다. 기존의 통념과 규칙을 깨기 위해서는
논리가 아닌 상상력이 필요합니다.

　앞으로 인간은 통념을 깬 예술적인 상품을 만드는 것을 넘어,
자신의 삶을 하나의 예술 작품처럼 여기며 대작을 만드는 일에
마음을 쏟게 될 것입니다.

사물이 변하고 있다

사물의 변화를 살펴보기 위해서 먼저 사물이 무엇인지에 대한 기준이 필요합니다. 이 책에서는 사물을 인간이 아닌 것, 감각으로 인식할 수 있는 것, 인간과 관계를 맺는 것으로 기준 삼겠습니다. 이 중 한 가지라도 충족하지 않으면 사물이 아닙니다. 아무도 모르는 외딴 무인도 어딘가에 떨어진 작은 돌멩이는 사물이 아니라는 뜻입니다. 인식할 수 없고, 인간과 관계를 맺지도 않고 있기 때문입니다. 한마디로 사물이란 인간이 인식하고 이용하는 모든 비인간적인 것입니다.

먼저 인간이 아닌 사물이 점점 '사람'처럼 변하고 있습니다. 과거의 사물은 말 그대로 살아있지 않았습니다. 단순히 기계나 전기 장치로 작동했을 뿐입니다. 이런 사물이 점점 인간화되고 있습니다. 인간처럼 보고 듣고 말하며 움직입니다. 이미 사물에는 수많은 센서가 부착돼 인간 세상을 관찰하고 있습니다. 점점 많은 사물이 인공지능을 장착한 후 사람의 말을 이해하고 사람에게 눈을 맞추며 말을 합니다. 최근 네이버는 '하이퍼클로바'라는 초거대 AI를 개발했습니다.[8] 이 인공지능은 사람과 연결된 대화까지 가능합니다. 이전 질문과 응답 내용을 이해한 후 대답을 하고 사용자의 만족도를 인지해 호응까지 합니다. 정말 사람과 대화하는 듯한 느낌을 주죠.

반대로 사람은 '사물'처럼 변하고 있습니다. 신체 일부가 점점 사물로 대체되고 있죠. 예를 들어보죠. 무릎 수술 후 철심을 박은 다리나, 인공관절을 삽입한 어르신, 인공심장을 장착한 사람들, 눈 속에 렌즈를 삽입해 시력을 교정하는 안내렌즈 삽입술을 하는 분들 모두 신체의 일부를 사물로 대체하고 있는 것입니다. 최근에는 3D 바이오 프린팅 기술을 이용해 살아있는 세포를 활용한 바이오 잉크를 층층이 쌓아올려 각막, 간, 피부, 혈관 등의 인공장기까지 만들어내고 있습니다. 2016년 이미 국내 POSTECH(포항공과대학교)에서는 최초로 인공 근육을 제작하기도 했죠. 심지어 기술적으로 인간의 신체 대부분은 사물(기계)로 전환이 가능합니다.

불사죠死에 대한 욕망은 인간의 본능입니다. 경제적 여력만 된다면 얼마든지 죽어가는 삶보다는 자신의 신체를 기계로 바꿔가며 오래 살고 싶을 것입니다. 실제로 2017년 전신 근육을 마비시키는 루게릭병MND 진단으로 2년 시한부 인생을 선고받은 영국 로봇 과학자 피터 스콧 모건Peter Scott-Morgan 박사는 필요한 모든 장기를 조금씩 기계로 대체하여, 2019년 인류 최초로 '사이보그Cyborg'가 됐습니다. 위와 방광, 결장 등 소화기관을 제거하고 튜브와 기계장치를 달았고, 특수 제작된 휠체어에 올라 몸을 움직일 수 있게 만들었습니다. 침이 폐로 넘어가는 것을 막기 위해 후두절제술도 받았고, 목소리는 컴퓨터를 학습시키는 방법으로 해결했습니다. 한쪽 눈동자 움직임으로 컴퓨터를 통제하기 위해 눈 수술을 받았고, 아바타를 제작해 컴퓨터 화면으로 표정이나 행동을 대신했습니다.[9] 이후 그는 스스로를 피터 2.0이라고 불렀습니다. 2022년 6월 별세한 그는 7년 동안의 사이보그의 삶이 더없이 기쁘다고 말했고, 자신의 경험을 공유하기 위해《나는 사이보그가 되기로 했다》를 저술하는 등 왕성한 활동을 했습니다. 인간이 기꺼이 사물화되고 있는 것입니다.

더 나아가 인간의 잠재력 증강을 위해 인공물을 몸에 장착하거나 집어넣는 상황도 늘고 있습니다. 산업 전반의 기계화로 인간이 설 자리가 사라지는 것에 대한 반발일까요? 최근에는 인간이 할 수 있는 일을 크게 늘리는 '인간 증강Human Augmentation 기술'이 발달하고 있습니다. 자연적 또는 인공적 방법과 기술을 사용하여 인간의 기존 능력이나 부족한 능력을 향상(증강) 시킵니다. 제조현장에는 이미 노동자의 근력을 지원하는 외골격 형태의 인간 증강 기술이 등장했고, 군대에도 험지에서 고속기동이 가능한 근력 증강 외골격 로봇이 개발 중입니다.

2021년 4월에는 한국기계연구원에서 외골격 로봇처럼 무겁고 딱딱한 재질이 아닌 부드럽고 가벼운 근육 옷감을 개발했습니다. 옷 위에 부착만 하면 간단하게 근력을 보조받을 수 있는 이 옷감은 택배노동부터 돌봄노동, 건설노동 등 일상적인 작업부터 재활 훈련까지 힘이 필요한 모든 곳에서 사용할 수 있습니다.[10]

인간 증강 기술은 스포츠 엔터테인먼트 산업으로까지 확산하고 있습니다. 소위 '초인 스포츠'입니다. VR 및 AR, 로봇 등 최신 기술을 사용해 능력을 증강한 인간들이 시합을 펼칩니다. "테크노스포츠로 스포츠의 역사를 새로 쓴다"는 미션을 내건 게임업체 밀리프meleap는 AR 스포츠 사업을 하고 있습니다. 그중 'HADO'는 머리에 헤드 마운트 디스플레이, 팔에는 암 센서를 장착하고 양손으로 '파동'을 내보내 눈앞에 있는 물체를 파괴하거나 상대를 쓰러뜨리는 스포츠입니다. 'HADO 월드컵'까지 진행하고 있어 2019년 국내에서도 아프리카TV와 KT가 VR 테마파크에서 HADO 월드컵 국가대표 선발전을 치르기도 했습니다.[11]

또 다른 사물의 변화는 감각으로 인식할 수 없는 사물이 점차 감각이 가능한 사물로 변하고 있다는 것입니다. 비물질의 물질화라고 할까요. 만일 여러분이 미국으로 유학을 떠나 집에서 키우던 강아지를 몹시 그리워한다고 생각해 봅시다. 지금은 그 강아지를 만질 수 없습니다. 안타깝지만 그저 영상 통화 속 강아지의 움직이는 이미지만 볼 수 있죠. 하지만 앞으로 미국에서도 한국 집에 있는 강아지를 쓰다듬을 수 있을 날이 오게 될지도 모릅니다. 최근 한국의 전자통신연구원ETRI은 15미터나 떨어진 곳에서 금속이나 플라스틱, 고무와 같은 재질의 촉질감을 느끼는 놀라운 기술개발에 성공했습니다. 멀리 떨어진 한편에서 특정 재질을 긁었을 때 거의 동시에 다른 한편에서 그 재질이 단단한지, 거친지, 부드러운지 느낄 수 있는 것입니다.[12] 바로 촉각 정보를 디지털로 변환해 전송하는 '텔레햅틱telehaptic' 기술입니다. 센서를 통해 촉감과 질감 및 소리를 97퍼센트까지 동시 전달이 가능하다고 합니다. 이 기술이 상용화되면, 집에 있는 아빠는 강아지를 만지는 느낌을 햅틱 인터페이스를 통해 유학 간 딸에게 전송하고, 딸은 그 촉각정보를 실시간으로 받아 가상공간에서도 마치 실재처럼 강아지를 어루만지는 놀라운 경험을 할 수 있습니다. 강아지가 위치한 장소도 다르고, 직접 감각이 작용할 수도 없지만 이 기술은 딸에게 강아지가 마치 같은 장소에 있는 것처럼 느끼게 합니다.

과거에는 인간이 사물을 작동하지 않으면 사물은 한 위치에 고정돼 있었습니다. 그러나 지금의 사물은 스스로 움직이고 특정 활동을 합니다. 인간에게 말을 걸고 편리성을 제공하며, 가르치기까지 합니다. 사물이 능동적이고 적극적으로 변하며 인간과 관계를 맺기 시작한 것입니다.

또한 사물은 과거처럼 하나의 독립체로 작동하지 않습니다. 다른 사물과 정보와 공간과 시스템과 연동돼 작동하는 연합체이자 살아있는 네트워크의 일부로 진화하고 있습니다. 이 네트워크상에서 사물은 강력한 콘텐츠로 변하고 있습니다. 앞으로 사물과 어떤 관계를 맺느냐에 따라 우리의 미래가 크게 달라질 것입니다. 평범한 사물을 비범한 사물로 길들이고 이들의 힘을 빌릴 수 있는 사람이 진정한 경쟁력을 갖게 될 것입니다.

**THE POWER OF
SCRUM**

2부

무엇을 바꿀 것인가

재미는 흥미를 이길 수 없고,
흥미는 의미를 이길 수 없다

1부에서 살펴봤듯이 정보가 쪼개지고, 확산하고, 복제되며 새로운 디지털 지구의 탄생을 가속하고 있습니다. 머리 쓰는 일, 몸을 쓰는 일, 마음 쓰는 일 모두 인공지능과 기계가 대체하고 있습니다. 그 가운데 인간의 수명은 점점 길어집니다. 사물이 인간처럼 변하고, 인간은 사물처럼 변하고 있습니다. 급기야 사물이 아닌 것까지 사물처럼 변하고 있습니다.

산업계에 엄청난 혁명이 일어나는 중입니다. 이런 흐름 속에서 과거처럼 근력과 암기능력 그리고 전문지식에 의존한다고 살아남을 수 있을까요? 단지 머릿속의 지식을 저장하고 꺼내는 직업은 도태될 것입니다. 근력만을 사용해 무언가를 만들거나 서비스

한다면 큰 가치를 창출하기 힘듭니다. 또 뛰어난 가격, 디자인, 성능 그리고 대규모 마케팅을 진행하더라도 무조건 성공한다는 보장이 없습니다. 더는 기존의 성공 방식이 작동하지 않습니다. 빅데이터와 인공지능이 지배하는 세상에서는 모방하거나 일부를 개선하는 정도로는 경쟁력을 갖기 어렵습니다. 지금까지 방식대로 공부하고, 직장 다니고, 사업해서는 어느 날 텅 빈 운동장에 홀로 서 있는 자신을 발견하게 될 겁니다.

이제는 기존과는 다른 방식으로 일해야 합니다. 제아무리 씨름판의 천하장사라도 종합격투기 판으로 도전할 때는 새롭게 게임의 규칙과 기술을 익혀야 합니다. 마찬가지로 여러분도 시장을 보는 방식, 관계를 맺는 방식, 사업모델을 만드는 방식, 기술을 활용하는 방식, 비전을 실현해 가는 방식 모두를 바꿔야 합니다.

먼저 '돈 되는 일'보다 '흥미 있는 일'을 해야 합니다. 앞으로 돈 되는 일은 인공지능이나 기계가 할 수 없을 정도로 힘들고 까다로운 일어거나, 틀을 깨는 창조적인 일입니다. 그래서 흥미 있는 일을 하는 것이 중요합니다. 창조의 원천은 흥미니까요. 흥미를 느껴야 호기심과 관심을 갖게 됩니다.

여기서 '재미'와 '흥미'를 구분할 필요가 있습니다. 재미는 '아기자기하게 즐거운 기분이나 느낌'을 의미합니다. 그래서 아무리 재미있는 일이라도 계속하면 싫증을 느끼지요. 반면 흥미는 '어떤 대상에 대하여 특별히 주의하려는 감정, 경향 혹은 태도'입니다. 흥미가 재미에 비해 적극적이고 장기적이라는 뜻입니다. 자신에게 의미가 있기 때문에 관심을 가지고 지속적으로 몰두하게 되죠. 그래서 재미는 한 번만 해 보면 재미가 있는지 없는지 알 수 있지만, 흥미는 처음에는 재미없더라도 시간이 흐르면서 점점 흥미를 느끼게 되는 경우가 많습니다. 100세 시대에 재미있는 일만을 찾다가는 점점 더 강한 자극만 찾게 됩니다. 새로운 자극이 재미를 불러일으키기 때문이죠.

반면 흥미 있는 일은 자신을 잘 나타낼 수 있고, 자존감을 북돋습니다. 시간 가는 줄 모르고 푹 빠져 일하게 합니다. 긍정적인 마음이 솟아나며 행복합니다. 삶의 주인이 된 듯합니다. 일 자체가 자신의 정체성이자 자존감과 행복의 주요 원천이기 때문입니다. 하지만 여태껏 대부분의 사람들은 타인을 위해서, 자존감을 희생하면서, 부정적인 마음으로 일해 왔습니다. 생계를 위한 족쇄일 때도 있었습니다. 워라밸Work-life balance이 괜히 생긴 단어가 아니죠. 이제 일을 제자리에 돌려놔야 합니다. 일과 삶이 별개가 아닌 일 자체가 삶이 되어야 합니다. 흥미 있는 일을 해야 하는 이유입니다. 재미는 양념일 뿐입니다.

그런데 여기서 한 가지가 더 필요합니다. 바로 의미입니다. 의미는 내가 하는 일에 가치를 부여합니다. 가치란 나와 공동체 모두에 소중한 것입니다. 흥미는 있는데 의미가 없다면, 비윤리적인 일로 변질될 수도 있습니다. 남의 것을 탐하는 데 흥미를 느끼는 사람이 할 일은 쉽게 짐작이 가지요.

나를 대표하고, 자존감을 북돋으며, 몰입할 수 있는 일. 여기에 나와 공동체에 의미가 있을 때 비로소 우리는 그 일을 사랑하게 됩니다. 눈을 뜨면 다가올 일에 설레며 행복합니다. 기쁜 하루를 맞이하게 됩니다. 우리가 취직이 아닌 창직을 해야 할 또 다른 중요한 이유입니다. '새로운 직업을 만들어내는 것'은 새로운 도전과 기회로 가득 찬 신세계에 들어서는 것과 같습니다. 기존에는 존재하지 않았던 수많은 사업 기회와 새로운 직업이 쏟아져 나올 토대가 갖춰지고 있습니다. 이 기회를 어떻게 잡아야 할까요?

제2, 제3의 커리어

창직을 하라고 해서 지금 당장 직장을 그만두고 새로운 출발을 하라는 뜻은 아닙니다. 지금 직장을 다니면서도 '다른 무언가'를 '다른 방식'으로 준비해야 한다는 뜻입니다. 그 무언가는 또 다른 커리어career 입니다. 커리어는 사전적인 의미로 '어떤 분야에서 겪어온 일이나 쌓아온 경험'을 뜻하죠. 과거에는 커리어가 하나이거나 많아야 두 개에 불과했습니다. 한 분야에서 평생 커리어를 쌓고 은퇴하거나, 은퇴 후 제2의 커리어를 쌓는 경우입니다.

그런데 은퇴 후 전혀 다른 분야로 제2의 커리어를 선택한 경우 상당한 난관에 봉착할 가능성이 큽니다. 한 대기업 임원이 은퇴 후 5~10억 원의 퇴직금을 받았다고 가정해 봅시다. 그는 멋진 레스토랑을 차립니다. 지인들에게 '나는 은퇴 후에도 이런 멋진 일을 한다'라고 과시라도 하듯 와인바도 만들고, 럭셔리하게 컨시어지 달린 멤버십 서비스도 합니다. 대기업에서 쌓아왔던 인맥만 총동원해도 충분히 운영이 가능할 것처럼 보입니다. 하지만 대부분 2년도 채 넘기지 못해 가게를 날립니다. 나는 이런 경우를 너무나 많이 봐왔습니다. 기존 커리어와 관련도 없고, 준비도 미흡한 뜬금없는 창업은 실패 확률이 높습니다.

그래서 우리는 직장을 다니면서 제2, 제3의 커리어를 설계해야 합니다. 세상은 앞으로 계속 세분화되고, 전문화되고, 기술 발달속도는 인간의 능력 발전속도를 능가할 것입니다. 세상의 변화에 촉각을 곤두세우고, 월급보다 일 자체에 대해 더 고심해야 합니다.

일의 방향을 바꿔라

불확실하고 급변하는 시장에서 지속할 수 있고 확장이 가능한 커리어를 설계하려면 크게 3가지를 바꿔야 합니다. 일의 '방향'과 일의 '방점' 그리고 일의 '방식'을 새롭게 하는 것입니다.

먼저 내 일의 방향이 시대의 흐름에 맞는지 살펴봐야 합니다. 아무리 안정적이고 높은 수준의 급여를 받는 일이라도 일의 방향이 틀리면 머지않아 곤란한 상황에 부딪히게 됩니다. 지금 하고 있는 일이 곧 인공지능이나 기계로 대체될 수 있는 일이라면 방향을 바꿔야 합니다. 새로운 분야에서 커리어를 쌓기 시작해야 한다는 뜻입니다. 어떤 분들이 방향을 바꿔야 할까요?

한국고용정보원이 공개한 〈한국의 직업정보〉 보고서에 따르면, 가까운 미래에 인공지능이나 장비로 대체될 상위 10가지 직업은 다음과 같습니다.

- 주유판매원
- 보험인수심사원
- 통신기기 판매원
- 계기 검침원 및 가스 점검원
- 방송·통신·인터넷케이블 설치·수리원
- 타이어·고무제품 생산기계 조작원
- 총무 및 일반 사무원
- 금융자산운용가
- 은행 사무원(출납창구 제외)
- 생산관리 사무원

이 중 보험인수심사원이나 금융자산운용가는 상당한 수준의 지식을 갖추어야 합니다. 은행 사무원 역시 일정 수준 이상의 지식과 경험이 필요합니다. 은행, 증권사, 종금사 등 금융기관의 거래에 관련된 사무업무를 수행하거나 증권의 구매나 판매와 관련된 사무업무를 수행하기 때문입니다. 그럼에도 이 직업군이 앞으로 인공지능이나 기계로 대체될 가능성이 큰 것으로 지목됐다는 점을 주목해야 합니다.

해외에서는 옥스퍼드대학의 프레이 교수와 오스본 교수의 보고서인 〈고용의 미래〉가 가장 유명합니다. 이 보고서에서는 자동화 기술 발전으로 20년 이내 현재 직업의 47퍼센트가 사라질 가능성이 크다는 무시무시한 전망을 내놨습니다. 아래가 일자리 소멸 가능성이 큰 목록입니다. 괄호 안의 점수가 1에 가까울수록 소멸될 가능성이 높습니다.

- 텔레마케터, 시계수선공 (0.99)

- 스포츠 심판, 모델 (0.98)

- 계산대 캐시어, 전화교환원 (0.97)

- 자동차 엔지니어, 카지노 딜러, 레스토랑 요리사 (0.96)

- 회계·감사, 웨이터·웨이트리스, 주차요원 (0.94)

- 소매업자, 보험판매사 (0.92)

- 이발사 (0.90)

- 제빵원, 버스·택시기사 (0.89)

- 부동산 중개사 (0.86)

- 선원·항해사 (0.83)

만일 여러분이 위와 관련된 일을 하고 있다면 일의 방향을 전환하는 작업에 착수해야 합니다. 그렇다고 당장 기존 직장을 버리라는 뜻은 아닙니다. 안정적인 소득원을 두고 두 번째, 세 번째,

심지어 네 번째 커리어까지 생각하고 준비해야 한다는 의미입니다. 제일 바보 같은 조언이 바로 '적성에 맞지 않는다면 과감히 사표를 쓰고 새 일을 찾아라'입니다. 축구선수가 다음 주에 종합격투기 링에 오르는 것과 같습니다. 지금은 본업을 유지하면서 다른 분야의 커리어 시스템을 차근차근 만들어야 합니다.

지금까지의 이야기를 듣고 '어! 이거 N잡러 이야기 아닌가?'라고 생각하는 분도 있을 겁니다. 'N잡러'는 2개 이상 복수를 뜻하는 'N'과 직업을 뜻하는 'job', '~러er'가 합쳐진 신조어로 본업 외에도 1개 이상의 부업을 하는 사람들을 일컫습니다. 현재 직장인 10명 중 3명이 1개 이상의 부업을 하고 있는 N잡러라는 조사가 있을 만큼 이미 부업은 일상화되었습니다.

하지만 은퇴 후 50년을 더 살아야 할 세상에서는 배달, 대리운전, 음식점 서빙 등과 같은 단순한 부업을 미래 설계를 위한 수단으로 삼아서는 안 됩니다. 이런 부업들은 곧 인공지능 기계 등으로 대체될 것이기 때문입니다. 부업이 아닌 제2, 제3의 커리어를 만들어야 합니다. 그럼 그 방법을 알아볼까요?

커리어 시스템을 구축하는 법

안정적인 커리어 시스템을 구축하기 위해서 제일 먼저 해야 할 일은 자신이 하는 일의 방향을 점검하고 바꾸는 것입니다. 일의 방향을 바꾸려면 가장 먼저 해야 할 일이 있습니다. 군대를 다녀 오신 분들은 알겠지만, 본 사격을 하기 전 '영점조준'이라는 것을 합니다. 영점조준이란 사람마다 얼굴형이나 시야가 다르기에 총을 조준할 때 표적을 조준하는 가늠자의 조정을 통해 이 차이를 해소하는 행위입니다. 처음 몇 발의 사격을 통해 총과 내 시야를 일치시켜 내가 보는 대로 총알이 나가도록 조정하지요. 그래야 목표물을 정확히 맞힐 수 있습니다.

일 역시 영점조준이 필요합니다. 사람마다 관심사와 재능이 각각 다릅니다. 각각의 특성에 맞는 일을 하기 위해 가늠자를 조정해야 합니다. 내가 지금 하는 일이나 새롭게 쌓고자 하는 커리어와 내 자신의 목적, 비전 그리고 역량을 일치시키는 일입니다.

영점조준에 성공하기 위해선 먼저 일의 3가지 속성을 이해해야 합니다. 이는 다음과 같습니다.

- 원하는 일
- 잘할 수 있는 일
- 해야만 하는 일

대부분 직장인의 일은 '내가 해야만 하는 일'과 '내가 잘할 수 있는 일'이 중첩돼 있습니다. 그래서 생계를 유지하고 있는 것이죠. 여기서 '내가 잘할 수 있는 일'이 중요합니다. 만일 '내가 해야만 하는 일'과 단지 '내가 할 수 있는 일'이 겹쳐 있다면 그 일은 언제 다른 사람으로 대체될지 모릅니다. 대표적으로 대리운전이나 배달 같은 일입니다. 부족한 월급을 메꾸기 위해 많은 직장인들이 부업에 뛰어들고 있습니다. 방금 말한 대리운전이나 배달도 하고요. 요즘엔 도보 및 자전거 배달도 인기입니다. GS25가 운영하는 도보배달 서비스 '우리동네 딜리버리'는 초기 1,000명대의 가입자가 2년이 지난 2022년 8만 명대로 80배나 불어났습니다. 그래서 경쟁도 치열하고 임금도 낮습니다. 직업을 폄하할 의도는 전혀 없지만, 해야만 하고 할 수 있는 일의 대부분은 이렇게 단순 육체적 노동의 특성이 강합니다.

여기서 차별화를 두려면 '내가 해야만 하고 내가 잘할 수 있는 일'을 찾아야 합니다. 그래야 탄탄한 생존 시스템을 만들 수 있습니다. 최근에는 온라인 부업도 성행하고 있습니다. 수익형 블로그 운영이나 해외구매대행 등이 그것입니다. 이런 커리어는 상당한 지식과 노하우가 필요합니다. 그래서인지 코로나 팬데믹 이후에는 해외구매대행, SNS 마케팅은 물론 유튜브 영상 제작 및 프로그램 관련 온라인 유료강좌 시장이 크게 늘었습니다. 특히 정보기술 분야 대기업에서 일하는 직장인 중 상당수는 오프라인 강의를 뛰거나, 온라인 수업을 여는 등 자신만의 두 번째 커리어를 하

W-C-M 영점조준

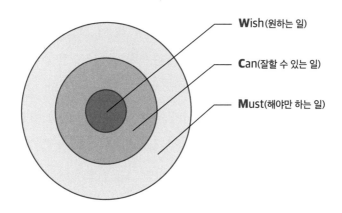

Wish(원하는 일)

Can(잘할 수 있는 일)

Must(해야만 하는 일)

나씩 갖고 있습니다. 이들은 '해야만 하는 일과 잘할 수 있는 일'을 하고 있는 것입니다. 하지만 지속적인 두 번째 커리어를 갖기 원한다면 한 가지를 더 추가해야 합니다. 바로 '하고 싶은 일'이어야 합니다. 만약 기업의 프로그래머에게 외부 온라인 강의가 '해야만 하고, 잘할 수 있으며, 하고 싶은 일'이라면 충분히 안정적인 두 번째 커리어가 될 수 있습니다. 이것이 커리어의 영점조준입니다.

사실 우리는 이 3가지 일 사이에서 끊임없이 고민하고 갈등합니다. 직장인을 예로 들어봅시다. 만일 어떤 사람이 직장을 떠날 생각에 가득 차 있다면 그는 '해야만 하는 일'과 '잘할 수 있는 일'을 하는 것입니다. 업무 처리가 능숙해 무난하게 회사생활을 이어갑니다. 경제적인 큰 어려움도 없습니다. 하지만 자신이 원하는 일을 하고 있지 않기에 회사를 떠나고 싶습니다.

반대로 '잘할 수 있는 일'과 '원하는 일'을 하는 사람도 있습니다. 대부분 예술, 문화 계통 종사자 분들입니다. 자신들이 재능이 있고, 원해서 들어선 길이지만 대개는 수입이 너무 적습니다. 밤새도록 작업해도 손에 몇 푼밖에 쥐지 못합니다. 가난한 예술가들은 해야만 하는 일에 약합니다. 통계상 국내 예술인들 10명 중 7명은 한 달에 100만 원도 벌지 못합니다. 생계유지가 힘든 수준이죠. 이런 예술인에게 가족이 있다면 그는 반드시 해야 할 일을 하지 못하고 있는 것입니다.

가장 큰 문제가 되는 경우는 '해야만 하는 일'과 단순히 '할 수 있는 일'을 하는 사람입니다. 생계 때문에 억지로 직장에 다니기는 하지만 누구나 한두 달 정도만 인수인계를 받으면 할 수 있는 일을 합니다. 특히 N잡러의 일이 여기에 해당하는 경우가 많습니다. 배달이나 대리기사, 음식점 서빙 등은 한 달이 아니라 며칠만 인수인계 받아도 업무수행에 큰 지장이 없습니다. 더구나 업무 숙달에 시간이 걸리는 일까지 사라지고 있습니다. 최근 주 52시간 근무제가 확산하면서 기업은 인공지능을 적극적으로 도입하고 있습니다. 국내 한 반도체 제조회사에서는 인공지능이 생산 과정에서 쏟아져 나오는 200여 가지 유해화학물질의 배출량과 방출량을 실시간으로 관리합니다. 이전에는 일일이 수작업으로 진행하면서 근무자가 24시간 교대로 업무에 투입되었죠. 근무시간만 연간 2만 시간, 비용은 13억 원이나 줄었다고 합니다. 난이도가 큰 업무는 아니지만, 비정규직 일자리를 점점 인공지능이 대체해 가고 있습니다.

'해야만 하는 일'과 '할 수 있는 일'을 하는 사람과, '잘할 수 있는 일'과 '원하는 일'을 하는 사람 모두 저마다 고민이 있습니다. 한쪽은 일에서 의미를 찾지 못하고, 다른 한쪽은 일에서 안정적인 생활을 확보할 수 없습니다. 그래서 일에서 의미도 찾고 경제적 안정도 이루려면 이 3가지 일을 영점조준해야 합니다.

돈을 위해 해야 할 일에만 집중하면 잘할 수는 있을지언정 원하는 일은 하지 못하게 됩니다. 거꾸로 가야 합니다. 원하는 일을 먼저 정하고 그 분야에서 잘할 수 있는 일을 선택한 후, 이를 위해 반드시 해야 할 일을 하는 것입니다. 내가 원하는 일을 하기에 자신의 재능을 더욱 갈고닦을 수 있고, 해야만 하는 일도 기꺼이 할 수 있습니다.

원하는 일

　어릴 때부터 유난히 재능을 보이고 좋아하는 분야가 명확한 분들은 어쩌면 행운아라고 할 수 있습니다. 그 일을 하기 위해 해야만 하는 일만 집중하면 되니까요. 하지만 원하는 일을 찾기란 쉽지 않습니다. 왜 그럴까요?

　우리가 어떤 것을 사려고 할 때 눈에 보이는 상품을 곧바로 구매하지는 않습니다. 가격표도 보고 디자인도 확인하고, 실제 만족감은 어떨지 이것저것 살펴봅니다. 일도 마찬가지입니다. 내가 진정 원하는 일을 찾으려면 먼저 여러 가지 일들을 살펴보고 해봐야합니다. 그래야 자신이 가장 원하는 일을 고를 수 있는 법이죠.

　하지만 현실은 그렇지 않습니다. 우리는 어린 시절부터 오로지 좋은 대학, 좋은 직장을 목표로 교육을 받아왔습니다. 지금까지 좋은 대학이란 한마디로 연봉을 많이 주는 직장에 들어가기 위한 자격증과 같은 것이었습니다. 좋은 직장이란 돈도 많이 주면서 복지 혜택도 풍성하고 정년 은퇴까지 꾸준히 안정적으로 일할 수 있는 직장을 뜻했죠. 그래서 우리는 '원하는 일'이 아닌 '원하는 돈'을 위해 공부해 왔습니다.

그런데 한번 생각해 봅시다. 돈이란 누구나 원하는 만큼 가질 수 있는 것이 아닙니다. 한정된 자원입니다. 무한정 가질 수 있는 것이라면 빈부격차가 없었을 겁니다. 돈이라는 자원을 놓고 서로 경쟁할 수밖에 없는 구조입니다. 이것이 자본주의 사회입니다. 따라서 돈이라는 자원을 차지하기 위해서 '시합'을 해야 합니다. 그 시합이 바로 '시험'입니다. 시험이 무엇이죠? 사전에서 살펴보면 '재능이나 실력 따위를 일정한 절차에 따라 검사하고 평가하는 일'입니다. 그렇다면 지금까지 재능이나 실력 따위를 평가하는 이 시험의 기준은 무엇이었을까요? 바로 얼마나 다양한 지식을 '머릿속에 그대로 복제해 넣었느냐'입니다. 즉, 암기능력이 시험의 기준이었습니다. 암기란 있는 정보를 그대로 머릿속에 입력하는 것입니다. 교과서나 참고서에 있는 정보와 머릿속에 있는 정보가 '일치'할 때 '정답'이라고 부르고, 일치하지 않으면 '오답'이라고 하죠. 틀린 답입니다.

우리는 학창 시절 때부터 정답이라는 거대한 존재에 짓눌려 살 있습니다. 오답은 재능의 부족이요, 실력의 부족이었습니다. 정답이 돈을 벌게 하는 열쇠였고 오답은 인생의 패배자를 암시했습니다. 우리가 해야 할 유일한 일은 바로 정답을 맞히는 일이었죠. 우리가 원하는 일, 잘할 수 있는 일은 무시되고 해야 할 일만 강요받았습니다. 이제 왜 우리가 원하는 일을 찾기가 그토록 힘든지 이해가 가시나요?

내가 생각하는 진정으로 원하는 일이란, 살아가는 기쁨을 만끽하게 해주는 일이라고 생각합니다. 이런 일을 할 때는 눈동자가 커지며 맑아지고, 자세가 바로 섭니다. 말도 빨라지고 동작이 커집니다. 완전하게 몰입할 수 있는 일이죠. 이런 일을 하게 되면 아침에 눈 뜰 때 '오늘 하루 또 어떤 멋진 일들이 나를 기다리고 있을까?', '오늘 또 어떤 멋진 사람들과 함께할까?' 하는 설렘으로 가득 찹니다. 자신감이 넘치고 의욕이 샘솟지요. 바로 비전vision이 있기 때문입니다.

vision은 '보다'를 뜻하는 라틴어 video에서 나왔습니다. '보이는 것'을 뜻하는 view, '시각적'을 뜻하는 visual과 같은 어원이죠. 따라서 비전이란 생생하게 눈에 그릴 수 있는 개인이나 조직의 미래상을 뜻합니다. 굉장히 눈에 닿을 듯 구체적이기 때문에 자신이 원하는 미래상이 있으면 설레고 가슴이 뛰기 마련입니다.

결국 원하는 일을 하려면 비전이 있어야 합니다. 그럼 또 다른 질문이 생깁니다. 비전을 어떻게 해야 만들 수 있을까요? 사실 간

단합니다. '여러 가지 경험'해 보는 것입니다. 경험을 통해 내가 가장 원하는 일을 찾을 수 있음은 어쩌면 당연한 일입니다. 그런 데 지금 우리가 하는 경험은 그 폭이 너무 좁습니다. 좋은 대학을 가기 위한 공부 경험, 연봉을 많이 받기 위한 경험 그리고 감각적 쾌락을 위한 경험이 다죠. 모두 '돈'이 목적이 되는 삶에서 겪게 되는 경험입니다. 이 경험의 폭을 크게 넓혀야 합니다.

그런데 우리는 한정된 시간과 경제적 여건 속에서 살고 있습니 다. 그래서 우리는 경험을 크게 두 가지 측면에서 접근해야 합니 다. '앉아서 하는 경험'과 '걸으며 하는 경험'입니다. 전자에 해당 하는 것은 '독서'이고 후자에 해당하는 것이 '여행'입니다.

인간은 독서를 통해, 저자의 눈을 통해 세상을 간접적으로 경 험할 수 있습니다. 여러 저자의 책을 읽을수록 세상을 바라보는 폭은 그만큼 넓어집니다. 다양한 분야의 책을 읽을수록 효과는 더 욱 커집니다. 그렇게 독서 경험이 이어지면 특별히 관심이 가고 자주 찾게 되는 분야가 생깁니다. 그 분야가 여러분이 진정 원하 는 일을 할 분야일 가능성이 큽니다. 건축 분야에 관심이 있던 분 은 무엇인가를 설계하고 쌓아가는 분야에서 원하는 일을 할 가능 성이 크고, 탐정 소설을 좋아하는 분이라면 무엇인가를 추리하고 찾아 결과를 내는 분야에서 원하는 일을 할 가능성이 큽니다. 따 라서 다양한 분야의 책을 많이 읽으면 읽을수록 자신이 좀 더 원 하는 일이 무엇인지를 알 수 있습니다.

여행은 걸으면서 하는 최고의 경험입니다. 단, 여기서 여행은 관광이 아닙니다. 특정 목적지를 정하고 가는 여행은 그냥 구경일 뿐입니다. 진정한 여행은 목적지가 없습니다. 가이드도 없습니다. 낯선 곳에 의도적으로 자신을 노출시킴으로써 자신이 어떤 것에 놀라고 관심을 갖는지 지켜보는 것이 여행이 우리에게 가져다주는 최고의 경험입니다. 바다 건너만 여행지가 아닙니다. 우리집 뒷동산이라도, 동네 체육관이라도 내가 가보지 않은 장소는 모두 여행의 대상입니다. 세계적으로 유명한 예술가나 운동선수들의 인터뷰를 보면 종종 어렸을 적 '우연히' 축구 교실에 갔다가, 또는 미술 학원에 갔다가 '의외로' 관심이 생겨 열심히 한 결과 성공했다는 식의 이야기를 많이 들을 수 있습니다. '우연성'과 '의외성'을 동반하는 것이 바로 여행의 속성입니다. 그 속에서 진정 자신이 어떤 것에 관심과 흥미를 느끼는지 알 수 있습니다.

하지만 진정 원하는 일은 관심과 재능만 가지고 안 됩니다. 여기에 '의미'가 더해져야 오랫동안 지속할 수 있는 일이 됩니다. 살아가는 의미를 찾지 못하는 사람들은 방황합니다. 부와 감각적 쾌락만 좇게 됩니다. 진정으로 원하는 일은 독서와 여행이라는 재료를 통해 자신의 관심사를 찾아내고 여기에 재능과 의미를 더할 때 비로소 가치 있는 비전으로 나타납니다. 그 비전이 진정 내가 원하는 일입니다.

가치 있는 비전의 4가지 요소

그렇다면 가치 있는 비전을 만들기 위해서 필요한 것이 무엇일까요? 바로 '목적' 또는 '사명'입니다. 내가 살아가는 이유이자 내가 일을 하는 이유입니다. 동시에 기업이 존재하는 이유이기도 합니다.

만약 돈을 버는 것에만 목적을 찾는다면 가치 있는 비전을 찾기 힘들 겁니다. 수영장 딸린 화려한 저택, 최고급 승용차, 온갖 호화로운 명품과 최고급 휴양지 등을 떠올릴 때만 가슴이 설렌다면 그 비전을 이루기는 거의 불가능할 것입니다. 그런 미래를 꿈꾸는 사람들은 너무나 많고 그런 꿈을 이루는 사람은 극소수니까요. 설사 그 꿈을 이룬다 해도 행복할 수 없습니다. 돈이 많아질수록 돈에 대한 집착은 더 커지기 때문입니다. 지켜야 할 것이 많을수록 그것을 지키기 위해 싸우고, 공격하고, 버리고, 포기해야 할 것들이 너무 많기 마련입니다. 사방이 자기 것을 빼앗기 위해 몰려드는 적으로 보입니다.

이는 최근 연구에서도 밝혀졌습니다. 미국 버팔로대와 하버드 비즈니스스쿨 연구팀은 자기 가치를 '돈'으로 판단하며, 재정적인 성공을 목표로 하는 사람들이 실제로 만족감을 느끼는지 알아보기 위해 2,500명 이상의 참가자를 대상으로 연구를 진행했습니다.[13] 연구결과, 돈의 가치를 높게 평가할수록 부정적인 사회적 결과를 경험한다는 것으로 밝혀졌습니다. 부정적 사회적 결과란 외롭고 단절된 기분을 느끼며, 가까운 지인들과 보내는 시간이 적은 것을 의미합니다. 사방이 적인데 진실한 관계를 맺기가 쉬울리 없습니다.

따라서 비전에는 돈이 아닌 가치가 스며들어 있어야 합니다. 가치 있는 비전을 가질 때 하루하루가 설레고 활기찹니다. 이런 삶이 즐겁고 기쁜 삶입니다. 그런데 우리 중에 매일의 삶이 즐겁고 기쁜 사람이 과연 얼마나 될까요? 이런 삶을 만들기 위해서 아래 4가지 질문에 대해 자신 있게 '예'라고 답을 할 수 있어야 합니다.

1. 일의 과정이 기쁜가?

즐겁고 기쁜 삶이란 결과가 아닙니다. 이 순간 지금 내가 하는 일이 오랫동안 꿈꿔왔던 일들을 실현해가는 과정에 있는가 물어야 합니다. 세상에 태어나 살아가는 길에 있어 그때그때 내가 원하는 일을 하면서 지내왔는가를 검증하는 것입니다. 그 과정이 기뻤느냐 아니면 짜증나고 힘들었느냐에 따라 가치 있는 비전의 삶을 살고 있는지 아닌지 알 수 있습니다.

2. 의미가 있는 일인가?

일은 자신의 정체성이자 자존감과 행복의 주요 원천입니다. 하는 일에 의미를 부여할 수 없다면 그 일은 '자신이 아닌 일'을 하고 있는 것입니다. 다른 말로 내가 아닌 남을 위한 일이 됩니다. 이런 일은 자신을 기계 부품처럼 여기도록 만듭니다. 하지만 같은 일이라도 의미를 가진 사람은 다릅니다. 여기 새벽에 일하는 두 청소부가 있습니다. 한 청소부는 생계를 위해 어쩔 수 없이 일합니다. 돈이 아니라면 절대 할 일이 아닙니다. 하지만 또 다른 청소부는 기꺼이 즐겁게 일합니다. 자신이 지구 한구석을 깨끗이 닦고 있다고 생각하기 때문입니다. 그는 인류를 위해 지구를 닦는 사람입니다.

3. 본인과 모두에 유익한가?

아무리 좋은 일이라도 본인에게만 유익하면 결코 가치 있는 일이 아닙니다. 돈, 권력, 명예를 생각해 보죠. 셋 다 사람들이 원하는 것들입니다. 하지만 이 셋은 모두에게 유익한 것이 아닙니다. 나눌 수가 없습니다. 나눌수록 약해지죠. 가질수록 자신에게만 유익이 돌아오는 것들은 대부분 가치가 없습니다. 반면 음악, 봉사, 사랑 등은 나누면 나눌수록 커집니다. 모두에게 유익합니다. 내 일이 나누며 번창한다면 모두에게 유익하고 가치 있는 일이 됩니다. 단, 상대에게만 유익하고 자신에게는 무익하다면 결코 좋은 일이라 할 수 없습니다. 모두가 행복하고 유익한 일이어야 합니다.

4. 지속할 수 있는가?

일의 과정이 기쁘고, 의미가 있으며, 모두에게 유익하더라도 지속하지 않으면 소용없습니다. 순간 반짝 지나가는 이벤트로 끝나고 맙니다. 즐겁고 기쁜 삶을 지속하기 위해서는 가치 있는 비전을 함께 나눌 팀team이 필요합니다. 바로 규율과 규칙이 존재하는 조직의 힘입니다. 혼자 뛰는 마라톤은 완주가 힘듭니다. 곁에서 함께 뛰어주는 동료와 시스템이 있어야 일정한 속도를 유지하면서 완주할 수 있습니다. 이 4가지 요소, 즉 가치 있는 비전을 나누는 동료와 함께 의미 있는 일을 모두에게 유익한 방향으로 즐겁게 일할 때 진정 기쁘고 즐거운 삶을 살 수 있습니다.

원하는 일을 위한 선순환 구조

가치 있는 삶이 목적이 될 수도 있습니다. 목적이 가치 있는 삶을 사는 것이라면, 목표는 가치 있는 삶을 위해 필요한 디딤돌과 같습니다. 하나의 디딤돌을 건너면 또 다른 디딤돌이 나오듯 목표는 한 번 달성하면 또 다른 목표가 생기기 마련입니다. 여기서 목표는 달성하고자 하는 구체적인 대상입니다. 목표를 달성하는 과정 중에 직면하는 온갖 장애물을 끊임없이 극복하고 목표를 성취하다 보면 더 멀리 더 크게 딛고 싶은 목표가 생깁니다. 이 과정에서 흐릿했던 비전이 명확하게 그려지고 점점 더 커지기 시작합니다. 그래서 비전은 고정되지 않고 끊임없이 확장됩니다. 목적을 세팅하고 목표를 정해서 그 목표를 성취하게 되면 한층 더 크고 높은 목표를 세우게 되는데, 목표설정 과정에서 비전이라는 새로운 지향점을 찾게 되는 것입니다. 그리고 이 비전은 다시 가치 있는 삶을 더욱 가속하는 선순환 구조를 만드는 동력이 됩니다. 이런 선순환 구조 속의 삶이 살아가는 기쁨을 만끽하게 하는 삶이자, 내가 진정으로 원하는 일이 됩니다.

독수리가 힘찬 날갯짓으로 저 높은 상공으로 떠올라 목표를 찾을 때 정확한 식별의 눈이 필요합니다. 우리의 인생도 높은 곳에서 더 멀리, 더 넓게, 더 깊게 볼 수 있는 능력과 지혜를 얻을 때 비전도 성취할 수 있습니다.

원하는 일의 선순환 고리

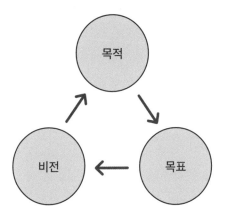

잘할 수 있는 일

원하는 일을 하고 있지만, 실제로 잘할 수 있는 일이 아닐 때도 많습니다. 너무나 하고 싶은 나머지 자신의 역량을 고려하지 않고 뛰어든 경우죠. 대표적인 예가 세계적 아이콘이 된 K-POP 아이돌입니다. 최고의 인기와 스포트라이트를 받지만, 수많은 아이돌 지망생은 데뷔조차 못합니다. 막연한 동경만 가지고 뛰어들지만 지망생 99.9퍼센트는 생존하지 못합니다. 이런 관점에서 보면 아이돌 세계는 참 가혹합니다. 원하는 일을 좇았지만 재능이나 역량이 갖춘 경우는 0.1퍼센트도 되지 못하니까요. 물론 운도 중요하겠지만 말이죠.

한마디로 원하는 일은 잘할 수 있는 일이어야 합니다. 그냥 잘할 수 있는 일이 아니라 탁월하게 잘할 수 있는 일이어야 합니다. 그만큼 경쟁이 치열하다는 의미고, 그래야 원하는 일을 계속할 가능성이 커집니다. 잘할 수 있는 일은 타고난 재능을 발휘할 수 있는 일이거나, 지속된 반복 훈련으로 능숙한 일입니다. 타고난 재능을 가진 분은 주위로부터 많은 칭찬과 관심을 받기 마련이죠. 때문에 잘하는 일이 원하는 일이 될 가능성이 높습니다. 하지만 대부분의 사람들은 지속된 반복과 훈련으로 잘하는 일이 생기는 경우가 많습니다.

문제는 잘하는 일이 정작 자신이 원하는 일이 아닌 경우가 많다는 겁니다. 그래서 앞에서 설명한 '목적→목표→비전→목적'으로 이어지는 선순환 고리를 만드는 게 중요합니다. 이 고리를 만든 후 이 고리를 잘 만들기 위해 반복 훈련을 통해 잘하는 일을 만들어야 합니다. 특히 그 일을 잘할수록 앞 그림의 선순환 고리 속 목표를 달성하기 더 쉬워집니다. 목표를 달성할수록 주변 사람으로부터 인정과 칭찬을 받고 그 피드백은 동기부여가 되어 더 그 일을 잘할 수 있게 만들어줍니다. 원하는 일과 잘하는 일이 정렬되고 서로 상승작용을 일으키기 시작하죠.

해야만 하는 일

원하는 일과 잘할 수 있는 일이 제대로 정렬이 되면 가치 있는 삶과 성공적인 커리어를 쌓을 수 있는 가능성은 점점 키집니다. 하지만 대부분의 사람들은 원하는 일과 잘할 수 있는 일이 일치하지 않습니다. 초중고등학교와 대학교 입학부터 전공 선택 그리고 취업까지 모든 것이 '돈 되는 일'에 영점을 맞추기 때문입니다. 돈을 중심으로 해야만 하는 일을 합니다. 그래서 초등학교, 아니 심지어 유치원 때부터 온갖 학원에 다니기 시작합니다. 그러다 보니 잘할 수 없는 일을 해야만 할 상황이 발생하고, 잘하는 일도 원하는 일이 아닌 상황도 발생합니다. 결국 돈 많은 풍요로운 미래의 꿈만 꾸며 현재를 희생합니다. 마치 《개미와 베짱이》의 개미처럼 말이죠.

원하는 일만 하며 살 수도 없는 일입니다. '가난한 예술가'라는 말이 생긴 이유는 지나치게 자신이 원하는 일에만 빠지는 바람에 현재를 희생하고 경제적 여건이 어려워져 미래를 설계하지 못하기 때문입니다. 마치 지금 현재만 즐기고 미래를 대비하지 못하는 베짱이처럼 말입니다.

진정으로 가치 있는 삶과 새로운 커리어를 쌓기 위해서는 개미도, 베짱이도 아닌 꿀벌이 되야 합니다. 꿀벌을 인간의 관점에서 보면, 꿀벌은 일하면서도 자신과 공동체에 유익함을 주는 삶을 삽니다. 꿀을 채취하면서 몸체에 묻은 꽃가루나 포자들이 멀리 떨어져 있는 같은 종류의 꽃, 과실나무, 식물, 채소 등에 퍼짐으로써, 생태계가 열매를 맺고 생육하는 데 결정적 영향을 주죠. 사람이나 다른 동물들이 좋아하는 유용한 물건(꿀)을 만들어내는 데 열정을 쏟습니다. 그래서 이집트에서는 꿀벌이 '생명을 주는 자'로서 탄생과 죽음, 부활을 상징합니다.

이런 이유로 원하는 일을 하기 위해서는 잘할 수 있는 일을 해야 하고, 잘할 수 있는 일을 하기 위해서는 반드시 해야만 하는 일을 해야 합니다. 그래서 가치 있는 삶과 안정적인 커리어 시스템을 구축하기 위해 가장 기본적이고 필수적인 일이 바로 '해야만 하는 일'입니다.

그런데 대부분 사람은 해야만 하는 일을 중요하게 생각하지 않습니다. 사실 하기 싫어하기도 합니다. 한마디로 힘들고 귀찮기 때문이죠. 하지만 말장난이 아니라 해야만 하는 일은 꼭 해야 할 일입니다. 내가 원하는 일을 하기 위해 반드시 습득해야 할 지식이 있음에도 이런저런 핑계를 대며 공부하지 않는다면 새로운 커리어를 구축하는 일은 요원합니다.

3가지 일 중 해야만 하는 일은 거의 70퍼센트를 차지할 정도로 그 비중이 큽니다. 다만, 원하는 일과 잘할 수 있는 일이 정렬되지 않으면 해야만 하는 일은 고통스럽고 힘든 일만 될 뿐입니다. 그렇다면 가치 있는 삶과 더불어 안정적인 커리어 시스템을 구축하기 위해 해야만 할 일에는 어떤 것이 있을까요?

KRS 법칙

안정적인 커리어 시스템을 위해 해야만 하는 일은 크게 3가지입니다. 지식^{Knowledge}, 관계^{Relationship} 그리고 영성^{Spirituality}과 관련된 일입니다.

먼저 지식을 얻기 위한 기본적인 일을 해야 합니다. 우리가 고등교육을 받는 이유는 기본적인 공동체 생활을 원활하게 영위하기 위함입니다. 마찬가지로 새로운 커리어를 쌓기 위해서는 세상의 변화에 대한 기본적인 지식이 있어야 합니다. 시시각각으로 변하는 세상에 대한 지식 없이는 커리어를 쌓기란 불가능하죠. 예를 들어 메타버스나 NFC 그리고 디지털 트윈과 같은 용어에 대한 지식 없이 어떻게 새로운 커리어를 쌓을 수 있을까요? 끊임없이 새로운 지식을 쌓고 갱신할 수 있어야 합니다. 이것이 반드시 해야만 할 일 중 하나입니다. 앞에서 말씀드린 독서와 여행으로 이런 지식을 체화시켜야 합니다.

두 번째가 관계입니다. 관계는 초연결 사회에서 대단히 중요한 역할을 합니다. 내가 어떤 사람들과 어떤 관계를 맺고 있느냐에 따라 나의 커리어는 크게 바뀝니다. 자신이 소심하고 낯을 가린다고 사람을 가려서 만나거나, 항상 만나던 사람들과만 관계를 맺는다면 커리어의 확장성은 매우 떨어지게 됩니다. 때로는 만나기 싫거나, 만나기 힘든 사람도 있을 수 있습니다. 하지만 내가 원하는 일과 관련이 된다면 기꺼이 즐거운 마음으로 관계 맺기를 시도해야 합니다. 대부분의 기회는 다양한 관계 속에서 생겨납니다. 본래 기회란 느슨히 연결된 관계에서 더 많이 나타나기 마련이죠.

그런데 이 느슨한 관계가 기회로 바뀌기 위해서는 중요한 전제 조건이 있습니다. 바로 세 번째인 영성입니다. 3가지 중 가장 많이 신경을 쓰고 보강해야 할 부분이기도 합니다. 영성이란 차가운 음지보다는 따스한 양지, 딱딱함보다는 부드러움, 찌푸림보다는 미소, 태풍보다는 햇살, 먹구름보다는 뭉게구름과 같은 것입니다. 웃는 아기를 볼 때 자연스레 미소가 지어지고, 누군가의 기쁜 소식을 들었을 때 내 기분이 좋아지며, 출근길 라디오에서 훈훈한 미담 소식을 들었을 때 하루를 기쁘게 출발하는 마음입니다. 행복과 감사함이 샘솟는 마음의 원천이죠. 비즈니스에서 쓰는 다른 말로 대체하자면 '인성' 또는 '양심'이라고 해도 좋습니다.

이런 영성은 상대와 관계를 더욱 촘촘히 하고 높은 수준의 연결을 가능하게 합니다. 초연결 사회에서 신뢰는 매우 중요합니다. 신뢰는 상대를 믿는 것입니다. 상대의 결정과 행동이 항상 서로에게 유익할 것이라는 강한 믿음이 있습니다. 그런데 말이 자주 바뀌고, 말과 행동이 다르다면 그 상대는 신뢰할 수 없습니다. 상대를 배제한 채 오로지 자신에게 이익 되는 방향으로만 움직인다는 증거입니다. 영성 지능이 떨어지는 것이죠.

영성은 한마디로 '내가 싫어하는 것을 남에게 요구하지 말고, 내가 받고 싶은 대로 남에게 줄 수 있는 지능'입니다. 그래서 이 능력이 풍부한 사람은 마음이 따뜻하고 항상 얼굴에 미소가 가득합니다. 관계성이 탁월해 많은 사람이 그와 함께 가고 싶어 합니다. 또 영성이 충만한 사람은 항상 평정심을 유지하므로 집중력이 높습니다. 높은 수준의 지식을 쌓는 데 그만큼 유리합니다.

내 주변에 성공해 행복한 삶을 사는 사람들은 대부분 이 3가지로 이루어진 역삼각형이 균형을 잘 이루고 있습니다. 영성이 토대가 되어 관계와 지식을 확장하는 형태입니다. 이 3가지가 비즈니스를 성공으로 이끌고 훌륭한 커리어를 쌓게 합니다. 따라서 비즈니스의 핵심 역량을 키우기 위해서는 KRS 법칙을 충실하게 따라야 합니다.

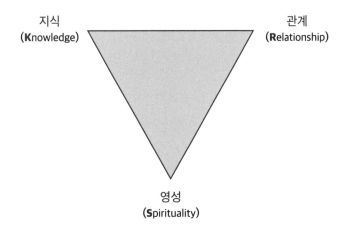

KRS 역삼각형

지식
(**K**nowledge)

관계
(**R**elationship)

영성
(**S**pirituality)

물론 특정 분야는 지식이 굉장히 중시되거나, 반대로 관계나 영성이 특히 중시되는 분야도 있습니다. 하지만 지나치게 한쪽으로 치우치지 않고 균형을 맞추는 것이 중요합니다. 지식은 세상의 변화를 통찰하는 힘을, 관계는 사람을 통찰하는 힘을, 그리고 영성은 자기 자신을 통찰할 수 있게 하는 힘을 키워주기 때문입니다. 나를 알고, 타인을 알며, 세상의 변화를 알 때 우리는 가치 있는 비전과 안정적인 커리어를 쌓을 수 있게 됩니다.

1:2:7 법칙

창직을 통해 새롭게 커리어를 쌓기 위해서는 처음에는 '원하는 일 : 잘할 수 있는 일 : 해야만 하는 일'을 1 : 2 : 7의 비중으로 잡으십시오. 그만큼 처음에는 해야만 하는 일이 기본이자 중요하다는 뜻입니다. 하지만 대부분 직장인은 '해야만 하는 일'이 '잘할 수 있는 일'인 경우가 많습니다. 숙달됐기 때문이죠. 하지만 '원하는 일'은 엄두도 내지 못합니다. 균형이 완전히 깨져 있는 것입니다. 다음 페이지의 기울어진 천칭 그림처럼 말이죠. 그래서 항상 피곤하고 힘듭니다. 삶에 생기를 찾을 수 없고 어깨는 축 처져 있습니다. 어떻게 해서든 하루를 보내기에만 급급할 뿐입니다. 외면할 수 없는 우리들의 현실이자 고달픈 직장인의 자화상이기도 합니다.

기울어진 천칭

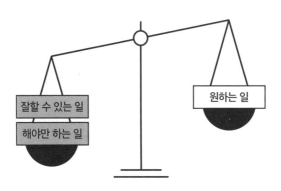

먼저 원하는 일의 큰 틀 안에서 해야만 하는 일에 집중하십시오. 누군가에게 항상 힘과 용기를 북돋는 일이 원하는 일이라면, 이 일을 하기 위해 반드시 갖추어야 할 KRS가 있을 것입니다. 인간 심리에 관한 지식, 역사에 관한 지식, 리더십에 관한 지식, 코칭에 관한 지식, 다양한 분야의 멘토 인맥, 감사와 열정의 마음 등 다양할 것입니다. 이런 지식을 갖추기 위해 처음에는 힘들고 어렵더라도 집중해야 합니다.

이런 해야만 하는 일을 하다 보면 자신이 특별히 잘할 수 있는 분야를 발견하게 됩니다. 주변에서 누군가 "너는 그걸 참 잘해!", "그것이 큰 장점이야"라고 말하는 바로 그 지점입니다. 주변에서 관심을 주고 칭찬하는 부분이 자기가 '잘할 수 있는 일'인 것입니다. 명확하지는 않더라도 원하는 일의 큰 틀에서, 해야만 하는 일을 하는 과정에서 잘할 수 있는 일을 찾는 것이 중요합니다.

아쉽게도 상당수는 원하는 일을 찾지 못해 영점조준이 안 된 상태에서 일하다 보니 '해야만 하는 일'이 거의 9가 되고, 해야만 하는 일이 숙달되면 그것을 자신이 잘할 수 있는 일이라 '착각'하게 됩니다. 당연히 '가진 것이 이런 재주뿐이니 하기 싫어도 억지로 해야 한다'라는 경직된 사고에 갇히게 됩니다. 커다란 착각입니다. 여러분의 능력은 무한합니다. 단지 적합한 방향에 속한 적합한 능력을 찾지 못했을 뿐입니다. 정말 잘할 수 있는 일을 찾기 위해서 원하는 일을 찾아야 하는 이유입니다. 원하는 일을 찾은 후 자신이 잘할 수 있는 일을 찾는 편이 훨씬 효과적입니다. 그 후에는 그 일을 잘하기 위해 꼭 해야만 하는 일에 최대한 집중하십시오.

천칭의 법칙

원하는 일과 잘할 수 있는 일, 그리고 해야만 하는 일이 일렬로 정렬된 상태에서 해야만 하는 일에 집중하게 되면 점점 그 일은 익숙해지기 시작합니다. 7의 비중으로 노력하던 해야만 할 일의 비중은 5로 줄어듭니다. 그때부터는 잘할 수 있는 일의 비중을 3으로 늘리고, 원하는 일의 비중을 2로 늘리십시오. 2 : 3 : 5의 비중이 됩니다. 해야만 하는 일이 습관이 되어 빠르고 능숙하기에 그 비중은 점점 줄어들게 됩니다. 이 과정에서 발견한 자신의 강점을 키우는 데 비중을 더 늘릴 수 있습니다. 그리고 점점 자신이 원하는 일에 투자하는 비중을 조금씩 높일 수 있습니다.

가장 바람직한 상태는 '원하는 일 : 잘할 수 있는 일 : 해야만 하는 일'의 비중이 4 : 3 : 3이 되는 것입니다. 이때가 아침에 일어날 때마다 설레고 행복한 삶이 됩니다. 경제적으로도 풍요롭습니다. 원하는 일을 하면서도 그 일이 점점 능숙해지고 흥미롭고 여유 있게 자기계발까지 할 수 있게 됩니다. 아래의 그림처럼 해야만 하는 일에서 조금씩 시간과 노력을 떼어내어 잘할 수 있는 일과 원하는 일로 옮겨가는 작업을 해야 합니다.

그 결과 기울어졌던 천칭은 다음 페이지의 그림과 같은 균형이 이루어지게 됩니다. 원하는 일을 절반 가까이 하면서도 잘할 수 있는 일과 해야만 하는 일이 반대편에서 균형을 잡아 줍니다. 이 균형을 이룰 때 우리는 가장 기쁘고 행복하며 풍요로운 삶을 누

WCM의 비중 변화

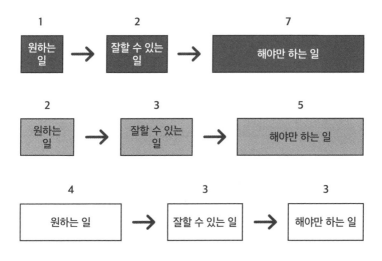

릴 수 있습니다. 원하는 일(Wish) - 잘할 수 있는 일(Can) - 해야만 하는 일(Must)을 정렬한 후, 해야만 하는 일에서 조금씩 시간과 노력을 떼어내면서 '원하는 일'이 '잘할 수 있는 일 + 해야만 하는 일'과 균형을 이루게 하는 것. 이것이 곧 천칭의 법칙입니다.

균형을 이룬 천칭

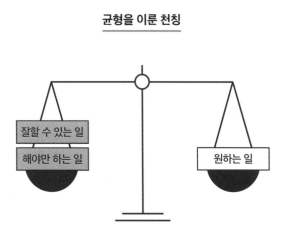

일의 방점을 바꿔라

방점傍點이란 '글 가운데에서 보는 사람의 주의를 끌기 위하여 글자 옆이나 위에 찍는 점'입니다. 일에도 방점이 있습니다. 일하는 사람의 주의를 끄는 것이죠. 위에서 말해왔듯 대부분 사람들의 일에 대한 방점은 '돈'에 맞춰져 있습니다. 돈이 안 되는 일은 하지 않죠. 그렇다면 앞으로 일의 방점을 무엇으로 바꿔야 할까요? '돈'이 아닌 '사람'으로 바꿔야 합니다. 첫째도 사람, 둘째도 사람, 셋째도 사람입니다. 사람에 방점을 찍어야 돈이 따라오게 됩니다. 앞으로는 기업조차 사람을 따르지 않으면 돈을 벌 수 없게 됩니다.

최근 글로벌 화두로 떠오르고 있는 경제용어가 있습니다. 바로

ESG입니다. ESG란 환경 Environment, 사회 Social, 지배구조 Governance 의 앞 글자를 따서 만든 용어입니다. 과거에는 '재무적 요소'인 주주 이익 극대화가 기업의 가치를 평가하는 최고 기준이었습니다. 하지만 지금은 환경과 사회 그리고 지배구조 등 '비재무적 요소'에 투자하는 기업의 가치가 훨씬 높게 평가되고 있습니다. 한마디로 이제 기업은 친환경과 사회적 책임 경영, 그리고 지배구조 개선 등에 집중해야 지속가능한 발전을 할 수 있다는 뜻입니다. 실제로 세계적인 연기금과 투자사들은 ESG 경영을 하지 않는 기업으로부터 투자금을 회수하는 등 강력한 조치를 취하고 있고, 심지어 ESG 경영을 하지 않는 기업은 은행 대출도 받기 어려워질 전망입니다. 계속 투자를 유치하거나 금융권에서 자금을 융통하려면 ESG 경영이 필수가 됐습니다. 법적인 규제도 강화됩니다. 국내에서는 자산이 2조 원 이상인 유가증권시장 상장사는 2025년부터 ESG 공시를 의무적으로 해야 하고, 2030년부터는 모든 코스피 상장사로 ESG 공시 의무가 확대됩니다. ESG는 이제 기업이 '하면 좋은 것'이 아니라 '해야 살아남는 것'이 됐습니다.

왜 ESG가 이토록 지배적인 경영 흐름이 됐을까요? 각국 정부와 투자자들이 깨달은 것입니다. 기업이 '돈'에 방점을 두도록 놔두었다가는 경제가 어려워지는 것은 물론 인류 전체가 공멸할 수 있다는 것을요. 그동안 기업은 이윤 극대화를 위해 지구 곳곳에 자연을 파괴해 왔습니다. 그 결과 이산화탄소 배출로 지구의 온도는 점점 올라가고, 각종 기후변화와 대기오염 그리고 자연재해를 양산했습니다. 난개발과 육식 인구의 증가로 사람과 동물의 접촉이 잦아지면서 갖가지 전염병이 확산되었습니다. 특히 코로나 19 팬데믹으로 전 세계는 공포에 떨었습니다. 수많은 기업들이 무너졌고, 투자자들의 손해는 극심했습니다.

이 같은 상황으로 각국 정부와 투자자들은 문제의 심각성을 깨달았고, ESG 경영에 속도가 붙기 시작한 것입니다. 이런 강제적인 상황 변화도 있지만, ESG 경영의 본질은 '돈'이 아닌 '사람'과 '공동체'입니다. 환경 생태계와 생물 다양성을 보호하고 노동자 인권 중시와 성별 다양성을 추구하고 있으며, 기업과 지역사회의 관계개선도 중시합니다. 또한 갑질과 노동력 착취 같은 비윤리적 기업의 행동을 제한하고 공정 경쟁을 추구합니다. 드디어 '사람'이 경영의 전면에 등장한 것입니다.

원하는 일, 잘할 수 있는 일, 그리고 해야만 하는 일의 방점은 사람이어야 합니다. 모든 일이 사람을 향해 있어야 합니다. 앞으로 펼쳐질 '스크럼의 시대'엔 더욱 그래야 합니다.

스크럼의 시대다

'스크럼Scrum'은 럭비 경기에서 쓰이는 용어였습니다. 경기 중 사소한 반칙 상황에서 공격권을 따내는 방법으로, 여럿이 뭉쳐 서로의 어깨를 맞대고 상대 팀을 밀어내며 발 사이로 공을 빼내는 전술 대형을 일컫는 말이죠. 스크럼에서 우위를 점하면 기 싸움에서부터 승리할 수 있을 뿐 아니라 상대로부터 반칙이나 공을 얻을 수 있어 상당히 유리해집니다. 스크럼이 강한 팀이 시합의 80퍼센트를 먹고 들어간다는 말도 있을 정도죠. 하지만 스크럼을 짜는 8명 중 1명이라도 삐끗하면 스크럼은 무너지고 맙니다. 이런 이유로 선수들은 끊임없는 대화와 훈련으로 서로 합을 맞춥니다. 8명이 정확하게 힘을 맞추면 스크럼이 깨지거나 밀리지 않습니다. 스크럼이 '럭비의 꽃'이라 불리는 이유죠.

최근 시장 환경이 빠르고 위협적으로 바뀌면서 구글, 페이스북, MS, 애플과 같은 세계적 글로벌 IT기업뿐 아니라, 국내 기업에서도 화두로 떠오르고 있는 조직문화가 있습니다. 바로 '애자일 조직 agile organization'입니다. 애자일 조직은 '민첩하고 기민한 조직'이라는 뜻으로, 부서 간의 경계를 허물고 필요에 맞게 소규모 팀을 구성해 업무를 수행하는 조직문화입니다. 전통적인 상명하복식 수직 구조가 아니라 자율적으로 협업하는 수평적 업무 환경을 의미합니다. 조직문화가 가볍고 유연해야 구성원들이 창의적이고 도전적인 사고가 가능해, 예측할 수 없는 시장에 대응할 수 있습니다.

스크럼이라는 용어는 본래 노나카 이쿠지로와 타케우치 히로타다가 1986년 1월 〈하버드 비즈니스 리뷰〉에 발표한 '새로운 신제품 개발 방식 The new new product development Game'에서 처음 사용했지만, 지금은 주로 소프트웨어 개발 업계에서 애자일 조직을 구축하기 위한 방법으로 많이 활용합니다. 그 방식을 살펴보면 대략 다음과 같습니다.

특정 비전을 중심으로 그 비전을 달성하기 위해 구체적 목표와 목표별 실행계획을 세웁니다. 그 후 그 계획을 어떻게 달성할 것인지에 대해 논의하고 해야 할 일을 구체화 시킵니다. 그리고 일정 기간(1~4주)을 두어 팀 전체가 집중적인 노력을 합니다. 그렇게 함으로써 결과물을 도출하고 그 결과물을 다양한 이해관계자와 함께 검토한 후 다시 팀원끼리 솔직한 피드백 시간을 갖습니다. 그 피드백을 바탕으로 다시 계획을 수정하거나 새로 잡고, 해야 할 일을 구체화한 후 일정 기간 내 집중적 노력을 투입해 결과물을 산출하는 과정을 반복합니다.

나는 스크럼을 창직이나 창업의 범위까지 넓혀 이 단어를 사용합니다. 특정 목표가 있고, 5~9명의 전문가로 구성되는 소규모의 다기능 팀이라는 점에서는 비슷하지만, 업무를 처리하는 방식보다는 어떤 능력이 있는 구성원으로 팀을 짜야 하는지에 더 큰 방점을 둡니다. 나는 5가지의 각기 다른 영역(센싱, 커넥팅, 리믹싱, 유니팅, 매핑)에서 탁월한 역량을 가진 개인들이 공동의 목표를 향해 함께 단단한 팀을 이룰 때 스크럼이 짜였다고 말합니다. 그리고 그 스크럼의 구성원을 '스크러머scrummer'라고 부릅니다.

N잡러와 스크러머의 차이

얼핏 스크러머는 N잡러와 비슷한 개념처럼 들립니다. 하지만 둘 사이엔 몇 가지 중요한 차이점이 있습니다. 먼저 N잡러는 모두 개인이 중심입니다. 본업이 아닌 배달, 카페 알바, 학원 및 온라인 강사, 대리운전, 세포마켓 운영 등 모든 일을 혼자 해야 합니다. 해야 할 일이 너무 많습니다. 그래서 몸이 아픈 것이 N잡러에게 가장 큰 리스크입니다. 반면 스크러머는 '혼자'가 아닌 '함께' 일합니다. 앞에서 말했다시피 스크럼의 사전적 뜻은 '여럿이 팔을 바짝 끼고 횡대를 이루는 것'입니다. 물론 아무와 팔을 끼지는 않습니다. 공통의 목적과 비전을 가지고 가장 시너지를 잘 낼 수 있는 멤버들과 서로 바짝 팔을 끼고 움직입니다. 그래서 한 사람이 몸이 아파도 큰 타격은 받지 않습니다.

N잡러는 '할 수 있거나 잘할 수 있는 일'을 합니다. 택배나 카페 알바는 거의 누구나 할 수 있는 일입니다. 학원 강사나 세포 마켓 운영은 잘할 수 있는 일입니다. 반면 스크러머는 '함께 원하는 일이면서 탁월하게 잘하는 일'을 합니다. 스크러머는 개인적인 성공보다는 팀의 성공을 원합니다. 그래야 원하는 일을 할 수 있기 때문입니다. 그 일은 도전적이며 반대에 부딪힐 수 있지만 힘든 줄 모르고 집중할 수 있는 일입니다. 다른 사람들이 인정해주는 일이며 세상에 공헌할 수 있는 일입니다. 말 그대로 함께하는 천직天職인 셈입니다. 그래서 스크러머는 항상 열정적입니다. 그들은 또 '탁월하게 잘하는 일'을 합니다. 단순히 잘하는 일이 아닌 프로페셔널하게 처리할 수 있는 일을 합니다. 열정이 스크러머의 능력을 극대화하기 때문입니다.

N잡러의 일

직업에는 귀천이 없습니다만, 그 직업이 사라지면 곤란합니다. 직업의 지속가능성을 기준으로 일을 4가지 등급을 나눌 수 있습니다. 하수의 일, 중수의 일, 고수의 일, 마지막으로 초고수의 일입니다. 하수의 일에 가까울수록 그 일은 빠르게 사라질 가능성이 큽니다. 초고수의 일일수록 오랜 기간 경쟁력 있게 일할 수 있습니다. 이 관점에서 지금 여러분이 N잡러라면 어떤 위치의 일을 하고 있는지 살펴보겠습니다.

만일 여러분이 지금 하고 있는 일이 '해야만 하고, 할 수 있는 일'이라면 '언제든 대체될 일'입니다. N잡러에게 해야만 하는 일은 곧 생계이기 때문입니다. 생계를 위해 억지로 일은 하지만 그

N잡러의 일

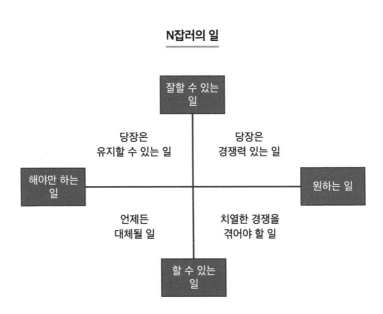

일이 누구나 할 수 있는 일입니다. 곧 다른 사람이나 인공지능이 그 자리를 앗아갈 것입니다. 전형적인 하수의 일입니다. 이런 위치에 있다면 당장 새로운 커리어를 모색해야 합니다.

내가 하는 일이 '원하는 일인데 할 수 있는 일'이라면 '치열한 경쟁을 뚫어야 할 일'입니다. 이 역시 하수의 일입니다. 잘하지도, 탁월하지도 않은 일이므로 그만큼 경쟁이 치열합니다. 그 일에 재능이 없다면 낙오되기 쉽습니다. 냉정히 말하자면 이도 저도 아닌 일입니다. 회사 입장에서는 난감한 존재일 수 있습니다. 열심히 일하는데 성과가 나지 않습니다. 열심히'만' 일하기 때문입니다. 가르쳐서 나아지거나 스스로 발전될 존재가 아니라는 뜻입니다. 괜히 시간과 노력을 낭비하고 성과도 제대로 나지 않을 가능성이 큽니다. 언제 일자리를 잃어도 이상하지 않습니다. 이 일 역시 빠르게 커리어 전환을 해야 합니다.

만일 여러분이 하는 일이 '해야만 하지만, 잘할 수 있는 일'이면 '당장은 유지할 수 있는 일'입니다. 생계를 이어가기 위해 어쩔 수 없이 일하지만, 그 일에는 능숙합니다. 주로 경력이 많은 분들의 일입니다. 일정 기간 지속가능한 일이기는 하지만 적성에 맞지 않기에 끊임없이 갈등하고 고민합니다. 그러다 보니 더 좋은 연봉과 조건을 제시하는 회사가 나타나면 미련 없이 움직입니다. 회사에 충성심은 그다지 많지 않고 금전적 혜택이 높은 곳으로 언제든지 옮길 준비를 하고 있습니다. 그래도 금전적으로 더 나은 직장을 선택할 수 있고 일정 부분 지속가능하다는 점에서는 중수의 일에 가깝습니다.

마지막으로 여러분이 하는 일이 '원하는 일이면서, 잘할 수 있는 일'이면 '당장은 경쟁력 있는 일'입니다. 원하고 잘하기 때문에 다른 인력이나 인공지능에 당장 대체될 가능성은 상대적으로 낮습니다. 고도의 전문직에 해당합니다. 이런 차원에서 보면 고수의 일에 속합니다. 하지만 이 일 역시 안심할 수 없습니다. 전문직 분야마저 인간보다 뛰어난 성과를 내는 인공지능이 속속 등장 중입니다. 뭔가 새로운 커리어 설계를 준비해야 할 시점입니다.

스크러머의 일

스크러머의 일은 N잡러의 일과 크게 다릅니다. 우선 스크러머는 모든 일을 잘하지 않습니다. 재능이 없거나 할 수 없는 일도 많습니다. 하지만 결정적으로 탁월하게 잘하는 일이 있습니다. 그리고 혼자가 아니라 함께 원하는 일이 있습니다. 즉 탁월한 개인이 스크럼을 이루어 일할 때 스크러머의 일을 할 수 있게 됩니다. 스크러머는 자신의 장점을 팀에게 나눠주고, 자신의 약점을 스크럼을 통해 보완합니다. 그래서 스크럼 전체가 조화를 이루며 진화합니다.

스크러머에게는 '반드시 해야 하는 일'이 있습니다. 이 일은 생계를 위한 N잡러의 작업과 다릅니다. 함께 원하는 일을 달성하기

스크러머의 일

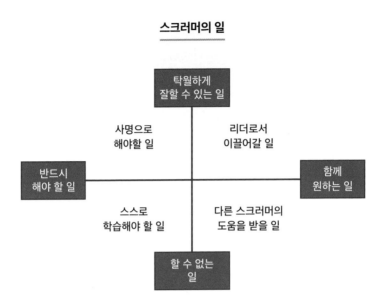

위한 KRS인 지식과 관계 그리고 영성을 닦는 일이 바로 반드시 해야 할 일입니다. 그들은 원하는 일을 하기 위해 KRS를 끊임없이 발전시키며 더욱 일을 탁월하게 해냅니다.

이런 이유로 스크러머는 4가지 측면의 일을 모두 할 수 있습니다. 만일 여러분이 '탁월하게 잘할 수 있는 일이 함께 원하는 일'이라면 이때 여러분의 일은 '리더로서 이끌어갈 일'이 됩니다. 함께 원하는 목적을 달성하기 위해 여러분의 탁월한 능력으로 스크럼을 이끌어가는 것이죠.

만일 여러분이 하는 일이 '탁월하게 잘할 수 있는 일이자 반드시 해야 할 일'이라면 이 일은 '사명으로 해야 할 일'이 됩니다. 스크럼을 주도적으로 이끄는 역할은 아니지만, 공동체에 꼭 필요한 지식과 관계 그리고 영성을 확산시키는 가치 있는 일을 탁월하게 해낼 수 있게 됩니다.

여러분이 하는 일이 '함께 원하는 일인데 할 수 없는 일'이라면 '다른 스크러머의 도움을 받을 일'이 됩니다. 스크럼의 가장 큰 특징 중 하나가 바로 개인이 혼자서는 결코 할 수는 없지만, 스크럼을 짜면 해낼 수 있게 된다는 점입니다. 스크럼 내에 그 일을 할 수 있는 탁월한 다른 스크러머가 존재하기 때문입니다. 그래서 스크럼의 일은 지속가능할 뿐 아니라 확장성도 대단히 큽니다. 만일 스크럼 중 한 명이 기술을 탁월하게 활용할 수 있는 스크러머라면 인공지능과 같은 기술로 대체되기보다는 오히려 인공지능을 적극적으로 활용할 수 있게 됩니다.

마지막으로 '할 수 없는 일이지만 반드시 해야 할 일'이라면 '스스로 학습하는 일'이 됩니다. 지금 당장은 할 수 없더라도 반드시 해야 할 일에 속한다면 스스로 끊임없이 학습해야 할 일이 됩니다. 스크러머 개개인이 이런 학습을 지속한다면 이 스크럼은 '학습하는 조직'으로 진화할 수 있습니다. 학습하는 조직은 상황이 아무리 변화무쌍하더라도 빠르게 적응하고 대응하며 상황을 활용할 수 있습니다. 유기체처럼 진화하는 것입니다.

여러분은 N잡러가 아닌 스크러머가 되어야 합니다. 스크러머가 된다는 것은 혼자가 아닌 팀이, 적당한 재능이 아닌 탁월한 재능이, 생계를 위한 일이 아닌 지식·관계·영성을 위한 일을 하는 것입니다. 또한 끊임없이 학습하고 진화하는 일을 하는 것입니다. 사실 쉽지 않습니다. 하지만 진정으로 원하는 일을 하면서 다양한 커리어를 쌓고 가치 있는 삶을 살고 싶다면 스크러머에 도전해야 합니다.

결론적으로 급변하는 미래에 안정적인 커리어를 쌓기 위해서는 지금 하는 일의 방향, 방점, 방법을 바꿔야 합니다. 첫째로 내가 원하는 일과 (탁월하게) 잘할 수 있는 일 그리고 해야만 하는 일의 방향을 일치되게 정렬시키고, 둘째로 돈이 아닌 사람에 방점을 찍어야 하며, 셋째로 목적과 비전을 공유하는 스크럼을 짜는 방법으로 일의 방향을 완전히 틀어야 합니다. 절대 쉽지 않지만 불가능하지도 않습니다.

3부에서는 스크럼을 짜기 위해서는 누구와 함께 해야 하고, 어떻게 해야 스크럼을 효과적으로 짤 수 있을지에 대해 다루도록 하겠습니다.

**THE POWER OF
SCRUM**

3부

누구와 스크럼을 짤 것인가

인재 전쟁 시대,
정말 필요한 인재

《성공하는 기업들의 8가지 습관》,《좋은 기업을 넘어 위대한 기업으로》,《위대한 기업은 다 어디로 갔을까》 등 다수의 세계적 베스트셀러를 저술한 짐 콜린스가 최근 국내 한 언론사와의 인터뷰에서 다음과 같이 이야기했습니다. "위대한 기업great company을 만들기 위한 핵심 질문은 '무엇이 위대한 비즈니스 아이디어인가'가 아닌 '누구와 함께해야 하는가'다."[14]

인재가 중요하다는 사실은 어제오늘의 일이 아닙니다. 세계 유수의 기업들이 글로벌 인재를 붙잡기 위해 보이지 않는 '전쟁'을 치르고 있습니다. 특히 페이스북, 애플, 구글, 마이크로소프트 등 이른바 빅테크 기업들은 최근 대세가 된 메타버스metaverse 시장을 선점하기 위해 치열한 경쟁을 벌이고 있죠. 관련 기술 스타트업을 인수하는 것을 넘어 전 세계 인재들을 싹쓸이하고 있습니다. 현재 페이스북의 XR 인력은 무려 1만 명 이상이고 애플, 구글도 수천 명에 이릅니다. 한국도 레이더망에 걸리긴 마찬가지여서 국내 기업에서 이들 빅테크 기업으로 영입된 인재들은 셀 수 없이 많습니다. 심지어 빅테크 기업들은 대학원에서 연구 중인 학생까지 '입도선매'할 정도로 인재 영입 경쟁이 치열합니다. 말 그대로 '인재 전쟁'입니다.

그런데 대부분의 빅테크 기업들이 공통으로 붙잡고 유치하려고 경쟁하는 인재는 업무에 고도의 디지털 기술을 사용하는 '디지털 근로자'입니다. 4차산업혁명의 근간이 정보통신ICT 기술이고 초연결시대에 디지털 전환digital transformation이 필연적인 까닭이지요. 문제는 디지털 근로자를 단순히 프로그램 개발인력으로 한정 짓는 경우가 많다는 것입니다.

하지만 앞으로 기업에 필요한 인재는 전문 개발인력뿐 아니라 5가지 새로운 능력을 가진 인재입니다.

- 변화를 꿰뚫어 시장의 기회와 위기를 감지하는 능력Sensing
- 기업 내부와 외부 자원을 연결하고 응집해 협업을 이뤄내는 능력Connecting
- 당연한 것을 낯설게 하는 능력Remixing
- 다양한 기술을 통합해 문제를 해결하는 능력Uniting

– 일을 시각화해 공유하는 능력Mapping

이 5가지 역량을 가진 인재를 균형 있게 유치하는 것이 무엇보다 중요한 시기입니다.

이런 능력이 각광받는 이유는 4차산업혁명이 가져올 대표적 특징이 바로 초연결, 초지능, 초융합이기 때문입니다. 세상 모든 것이 연결되면 변화가 가속하고, 평범한 사물이 지능을 갖고 전혀 다른 서비스를 제공하게 되며, 다양한 기술이 서로 융합하며 새로운 가치를 만들어 냅니다. 이런 변화의 속도를 따라잡고 대응하기 위해 점점 소규모 팀 단위의 집단 협업이 필수적 역량이 됩니다. 서로가 지금 어떤 상황이고 어떤 일을 하고 있으며 어떤 도움이 필요할지 정보를 공유해야 합니다. 스크럼의 5가지 역량은 바로 이런 상황의 흐름에 필수적인 요소들입니다.

나는 이 5가지 능력을 보유한 구성원들이 모인 조직을 '스크럼'이라고 부릅니다. 안타깝게도 많은 기업이 이런 5가지 능력을 갖춘 인재가 아예 없거나, 한쪽에 치우쳐 있거나, 있어도 회사 전체 부서에 뿔뿔이 흩어져 있습니다. 심지어 해당 인재가 회사에 존재하는지조차 알아보지 못하는 경우가 있습니다. 창직이나 창업의 경우도 마찬가지입니다. 유망한 산업 분야에서 개발 능력이 뛰어난 인재가 모여 있으면 무조건 성공하리라는 생각은 착각입니다. 위 역량 중 하나의 역량이라도 부족하다면 성공 가능성은 현저히 낮아집니다. 이 5가지 역량은 서로 상호보완하며 유기적으로 연결돼 있기 때문입니다. 지금부터 스크럼을 이루기 위해 구성원들이 갖춰야 할 5가지 역량에 대해 살펴보겠습니다.

Sensing,
위기와 기회를 감지하고 통찰하는 힘

센스Sense의 사전적인 의미는 '오감을 통해 현상을 이해하고 식별하고, 평가하고, 반응하는 능력'입니다. 온몸을 통해 현상을 이해할 수 있어 식별할 수 있고, 식별할 수 있으니 평가와 반응을 할 수 있는 능력입니다. 다시 말해 센싱능력은 예리한 관찰력으로 현상의 본질을 꿰뚫어 분석하고 특정 가치를 부여해 행동으로 옮기는 능력을 의미합니다.

초연결, 초지능, 초융합 시대에 함께 할 사람을 찾을 때 반드시 포함돼야 할 인재 중 하나가 바로 이 센싱능력이 뛰어난 사람입니다. 이유는 명확합니다. 시장이 워낙 걷잡을 수 없이 빠르게 변하기에 그 변화를 누구보다 먼저 감지하고, 그 변화의 의미를 통찰한 후 대응하는 능력이 대단히 중요해졌기 때문입니다. 따라서 조직에 센싱능력이 탁월한 사람이 있다면, 시장의 변화를 즉각적으로 감지해 그 속에서 새로운 기회와 위기를 통찰하는 힘이 강해집니다.

센싱능력은 한마디로 직관적 통찰력입니다. 인문학자 김경집 선생은 그의 저서 《6I 사고혁명》에서 직관을 "작은 실마리 하나로 전체를 파악하고 읽어낼 수 있는 능력"이라 했습니다. 전조 signal를 읽어내는 능력이지요.

2020년 1월 세계 최대 자산운용사인 블랙록 BlackRock의 최고경영자인 래리 핑크가 투자자들과 기업 CEO들에게 연례 서한 한 통을 보냈습니다. 그 편지에는 앞으로 기업의 지속가능성을 투자 결정 기준으로 삼겠다며 "수익의 25퍼센트 이상이 발전용 석탄 thermal coal에서 발생하는 기업에 대한 직접투자를 중단하겠다"고 선포합니다. 이 편지 한 통은 전 세계 기업의 경영 전략을 근본부터 뒤흔들었습니다. 국내외 기업을 가리지 않고 전 세계적으로 수많은 기업이 '탈원전'을 선언하고 'ESG 경영'에 사활을 걸고 있습니다. 이 용어는 사실 새로운 개념이 아닙니다. 이미 2004년 유엔 산하의 자발적 기업시민 이니셔티브인 유엔글로벌콤팩트 UNGC가 발표한 공개 보고서에서 사용한 것으로 알려져 있습니다. 그런데 시민단체도 아닌 투자업계가 ESG를 중시하기 시작하니 기업으로선 사활을 걸 수밖에 없는 이슈가 됐습니다.

예를 들어 애플은 2020년 7월에 2030년까지 '100퍼센트 탄소 중립'을 선언했습니다. 당연히 애플에 부품을 납품하는 삼성전자 반도체나 LG전자 디스플레이 등도 탄소중립 제품이 아니면 납품할 수 없어집니다. 삼성전자와 LG전자만의 문제도 아닙니다. 이들 회사의 부품 하청 업체도 발등에 불 떨어진 것은 똑같습니다. 이렇게 시장 자체에 커다란 변화가 생긴 전조가 바로 블랙록 래리 핑크 회장의 서한 한 통이었습니다. ESG 이슈로 자동차 업계 중 타격을 받게 될 회사는 어디일까요? 바로 도요타 자동차입니다. 도요타 자동차는 전체 매출 중 하이브리드 자동차 비중이 무려 95퍼센트에 달합니다. 그런데 하이브리드(내연기관+전기모터) 차량은 겉으로는 친환경 자동차처럼 보입니다만, 내연기관 및 차량 재충전 시 사용하는 전력 대부분은 석탄과 원자력발전소, 가스터빈 등을 사용해 만듭니다. 다급해진 도요타는 2050년까지 탄소중립을 선언했습니다. 그런데 유럽연합은 2035년부터 내연기관 자동차 판매를 금지하겠다고 발표했습니다. 하이브리드카를 포함한 가솔린·디젤 등 내연기관 신차 판매를 2035년부터 사실상 금지한다는 것입니다. 하이브리드 자동차를 주력으로 하는 도요타 등 일본 자동차 업계는 이제 투자자와 유럽연합으로부터 외면을 받을 위기에 처했습니다.

만약 여러분이 업계에 있다면 이런 편지 한 통이 의미하는 바가 무엇인지 감지해낼 수 있어야 합니다. 폭염, 폭우, 지진, 폭설 등 점점 더 강력해지는 기후 재난, 점점 반복될 가능성이 커진 코로나 팬데믹과 공급망 불안, 지속적인 물가상승과 소비침체 속에서 이 편지 한 통이 무엇을 의미하는지 통찰해야 합니다. 투자자들은 이제 단기적으로 큰 수익을 내는 기업보다 장기적으로 안정적인 성장을 하는 기업에만 관심을 가질 것입니다. 투자의 기준이 바뀐 것입니다.

자연과 공동체, 그리고 기업의 이해관계자(종업원, 주주, 관련 기업 등) 모두에게 이익이 되는 경영을 하지 않으면 앞으로 기업은 자본을 조달하기 어려워진다는 점을 명심해야 합니다. 여기서 하나 더 유념할 것이 있습니다. ESG의 공통점은 인간과 자연, 인간과 사회, 인간과 인간 사이의 연결에 관한 것입니다. 모두에게 이익이 되게 하려면 이 3가지가 서로 연결돼 있어야 합니다. 이 연결을 위해 '디지털 전환'이 필요한 것입니다. ESG가 목적이라면, 디지털 전환은 수단인 셈입니다. 유럽은 이미 '그린 디지털 트랜스포메이션Green and Digital Transformation'을 선언한 바 있습니다. 앞으로 ESG는 디지털 기술과 결합해 더욱 빠르게 산업의 구조를 바꾸게 될 것입니다. 따라서 디지털 전환 역시 기업 생존에 선택이 아닌 필수가 될 것입니다.

역으로 ESG에서 새로운 시장 기회를 찾아낼 수도 있습니다. 2021년 7월 서울시는 2023년까지 421km에 달하는 '공공 사물인터넷(IoT) 망'을 구축하겠다고 발표했습니다. 또한 2020년 5월

'데이터 3법(개인정보보호법·정보통신망법·신용정보법 개정안)'이 발효됐습니다. 이런 일련의 소식들로부터 시장의 기회를 감지할 수 있어야 합니다. 먼저 서울 전역에 '사물인터넷IoT망'이 깔리면 도시 전역에 설치된 IoT 센서를 통해 교통, 안전, 환경, 보건, 시설물, 방범, 재난 등 다양한 분야의 데이터를 수집할 수 있게 됩니다. 서울시는 이 데이터를 스타트업, 연구기관 등에 제공하기로 했으므로 기업은 이 빅데이터를 바탕으로 환경(E) 및 공공의 안전(S)에 관한 사업을 할 수 있습니다.

또 '데이터 3법'의 통과로 개인정보를 가명 처리해 동의 없이도 정보를 활용하거나, 상업적 목적을 포함해 제3자에게 제공하는 것이 가능해졌습니다. 더 나아가 개인이 동의할 경우 기업은 마이데이터 사업, 즉 의료, 공공, 생활·소비, 금융, 교통과 관련된 기관에 흩어진 개인 데이터를 한곳에 모아 다양한 맞춤형 서비스를 제공할 수 있게 됐습니다.

이 두 가지 소식에서 어떤 기회를 찾을 수 있을까요? 앞으로 기업은 서울시로부터 확보한 환경 및 공공 안전에 관련된 데이터와 의료, 금융 그리고 생활 및 소비와 관련된 개인 데이터를 결합해 맞춤형 서비스를 제공하는 사업이 가능해졌습니다. ESG 경영에 더할 나위 없이 적합한 사업 기회가 열린 것입니다. 예를 들어 개인의 의료나 생활, 교통 정보를 바탕으로 위험 지역에 진입하거나 이상 징후가 포착될 경우 즉각적인 알람과 동시에 예방조치를 안내하고 대안을 제안하는 서비스 앱이 등장할 수도 있습니다.

이제 기업이나 개인은 세상의 변화(위기와 기회)를 포착하는 센싱능력이 없다면 살아남기 힘듭니다. 한 번은 우연히 살아남을 수는 있어도 지속가능성을 갖추기란 절대 쉽지 않습니다. 준비가 안 된 상태에서 어쩌다 위기의 파도를 한 번 넘었다고 두 번째, 세 번째 파도까지 계속 넘을 수 있으리라 기대하는 건 무리입니다.

센싱능력을 갖춘 사람

그렇다면 궁금증이 생깁니다. 어떤 특징을 가진 사람들이 센싱능력이 탁월할까요? 먼저 특정 분야가 아닌 다양한 분야에 축적된 지식이 많을수록 센싱능력이 좋을 가능성이 큽니다. 기본 체력과 중심이 잘 잡혀 있어야 운동을 잘하듯, 기반 지식이 많고, 균형 있는 시각을 갖춘 사람일수록 센싱능력이 높을 가능성이 큽니다. 여기서 중요한 점은 정보의 축적이 아닌 지식의 축적입니다. 우리가 오감으로 받아들이는 것은 자극입니다. 이 자극들이 정보를 구성하고, 이 정보가 서로 연결되면서 지식으로 발전합니다. 따라서 단순히 정보만 많이 가지고 있다고 해서 센싱능력이 좋아지지는 않습니다. 보통 주변에 박학다식한 사람이 꼭 한 분은 있습니다만, 이분들이 반드시 센싱능력이 좋은 것은 아닙니다. 파편적으로 아는 정보가 많을 뿐입니다. 이런 정보는 인터넷 검색으로도 충분히 얻을 수 있으며 더 나아가 인공지능 비서에게 묻기만 하면 어떤 정보라도 찾아서 즉시 답해줄 것입니다. 중요한 것은 정보와 정보 간 관계성, 즉 상관성과 인과성을 파악하는 것입니다. 이런 연결성을 파악하지 못하면 결코 변화를 감지하고 꿰뚫어 볼 수 없습니다. 코끼리 꼬리만 만져서는 코끼리임을 알 수 없죠. 세상을 바라보는 틀은 다양한 정보 간 연결성을 간파해 구조화하면서 갖춰집니다. 지식을 구조화시킬 때 변화의 조짐과 그 핵심을 꿰뚫어 볼 수 있는 힘이 생깁니다. 구조화된 지식 위에 새로운 지식을 계속 주입시키면 지식의 체계는 점점 확장됩니다. 또한 특정 분야에 대한 지식보다 전반적인 분야에 대한 지식이 풍부할수록 센싱능력은 높아집니다. 자신이 보고 싶은 것만 보는 '확증편향'에 휩싸이지 않기 때문입니다. 계속 다양한 분야의 지식을 축적하다 보면 기존에 내가 가지고 있던 믿음이 잘못됐다는 것을 종종 깨닫게 됩니다. 그럼으로써 자신의 사고 체계를 계속 고치고 다듬고 확장해가는 것입니다.

또한 진짜 정보와 가짜 정보를 가려내는 힘 역시 센싱능력이 뛰어난 사람들의 공통점입니다. 지금은 가짜뉴스의 시대라 해도 과언이 아닐 정도로 인터넷에 과장, 왜곡, 감정적 정보가 넘쳐납니다. 대부분 조회 수를 늘려 금전적 혜택을 취하려는 불순한 의도가 깔려 있습니다. 센싱능력은 좋은 지식 체계에서 나온다고 했습니다. 좋은 지식 체계는 당연히 좋은 정보로부터 나옵니다. 그런데 정보 자체에 쓰레기가 섞여 있다면 광범위한 분야로부터 체계화된 지식은 이내 허점투성이가 됩니다. 변화의 조짐과 핵심을 잘못 해석할 여지가 커집니다. 그래서 센싱능력이 뛰어난 분들은 대부분 비판적 사고critical thinking력 역시 뛰어납니다. '비판'이라는 단어 때문에 부정적인 느낌이 들지 모르겠지만, 비판적 사고에서 비판의 대상은 강한 의미에서 타인이 아니라 '자신의 사고思考'입니다. 특정 정보를 접할 때 무조건 받아들이기보다 '의도적인 의

센싱능력의 구성 요소

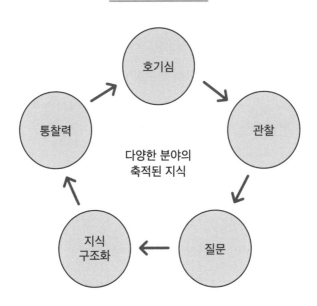

호기심

관찰

통찰력

다양한 분야의
축적된 지식

지식
구조화

질문

심'을 함으로써 보다 나은 견해와 관점을 가지려고 노력하는 것입니다. 결국 정보를 받아들이는 것은 자기 자신이니까요. 안타깝게도 '비판적 사고'는 타인을 비난하는 사고로만 치부되면서 이 사고 기술을 제대로 익히고 배울 수 있는 기회조차 많지 않습니다. 그만큼 우리 주변에 센싱능력을 갖추고 계신 분을 찾기가 쉽지 않다는 의미입니다.

뛰어난 센싱능력을 가진 분들의 가장 큰 특징 중 하나는 호기심이 많다는 것입니다. 자신이 안다고 생각하는 것과 실제 벌어지는 일 사이에 간극이 있을 때 호기심이 발동합니다. 호기심이 많을수록 관찰과 질문도 많아집니다. 호기심은 뭔가 다르고 이해하기 힘든 것을 알아내려는 인간의 본능적 욕망입니다. 그래서 호기심이 많은 분은 항상 주변을 관찰합니다. 무엇인가 새로운 것, 다른 것, 낯선 것이 있는지 살펴봅니다. 그리고 왜 그런 현상이 나타났는지 질문합니다. 뉴턴이 호기심이 없는 사람이었다면 떨어지는 사과를 그냥 지나쳤을 겁니다. 하지만 떨어지는 사과에 호기심을 가지고 관찰하고 질문한 끝에 위대한 만유인력 법칙을 발견했습니다.

호기심은 관찰을 낳고 관찰은 질문을 낳으며, 비판적 사고에 근거한 질문은 새로운 지식으로 발전해 지식을 보다 체계화하고 구조화합니다. 그래서 호기심은 세상을 바꾸는 원천적 힘이 되기도 합니다. 학창 시절부터 '해답'보다 '정답'만을 요구하는 주입식 교육에 익숙한 우리들에게 호기심은 21세기 초연결시대에 반드시 되찾아야 할 귀중한 자원입니다.

정리하면, 센싱능력이 뛰어난 사람일수록 다양한 분야에 대한 축적된 지식을 바탕으로 〈호기심 → 관찰 → 질문(비판적 사고) → 지식 구조화 → 통찰력 → 호기심〉으로 이어지는 선순환구조를 갖고 있습니다. 이런 인재가 조직에 있어야 합니다. 산업과 비즈니스 경계가 뒤섞이는 이른바 '빅블러의 시대'에서도 살아남고 기회를 만들 수 있습니다. 단단한 스크럼을 짜기 위해서는 반드시 센싱능력을 갖춘 사람과 함께해야 합니다.

Connecting,
협업을 이끄는 힘

베트남 축구계에서 영웅으로 추앙받는 입지전적인 인물이 있습니다. 박항서 감독입니다. 2017년 9월 부임하자마자 베트남은 2018년 AFC U-23 챔피언십에서 준우승의 돌풍을 일으켰고 2018년 아시안 게임에서는 무려 56년 만에 4강에 올랐습니다. 2018년 AFF 스즈키컵에서는 말레이시아를 꺾고 10년 만에 통산 2번째 우승컵을 품에 안았습니다. 아울러 A매치 16경기 연속 무패행진으로 기존의 약체 이미지를 완전히 벗고 동남아시아의 최강팀으로 우뚝 섰습니다. 그리고 동남아 최초로 월드컵 최종예선에 진출하는 쾌거를 이뤄냈습니다.

베트남 축구가 몇 년 사이 갑자기 급성장한 까닭은 두말할 것없이 박항서 감독의 리더십 때문입니다. 그는 평소 팀워크를 대단히 중시했습니다. 언론사와의 인터뷰에서 그는 이렇게 말했습니다.[15]

"원팀을 만들려면 나보다 우리가 우선이란 원칙이 확고하게 잡혀야 한다. 그 원칙이 살아있는 속에서 자율이 주어진다. 책임과 의무를 본인들이 느껴야 한다."

그는 '나보다 우리가 우선'이란 원칙을 세웠습니다. '우리'라는 인식이 팀에 뿌리내릴 때 자율적으로 책임과 의무를 다할 수 있다는 것이죠. 사실 원칙을 세우기는 쉽습니다. 그러나 그 원칙을 지키기란 대단히 힘듭니다. 그는 어떻게 '우리'라는 인식을 축구팀에 확고히 심어주었을까요?

전쟁을 통해 통일이 된 베트남은 남쪽과 북쪽 간 갈등이 꽤 있는 편입니다. 그래서 박감독이 부임했을 때 이미 베트남 국가대표팀은 지역별로 갈려 서로 얘기도 하지 않았던 상태였습니다. 게다가 박감독은 베트남어도 구사할 수 없었지요. 하지만 그는 매일 밤 의무실을 찾아 선수들과 장난을 치고 스킨십을 주고받았습니다. 훈련 중에 장난삼아 선수들 엉덩이를 걷어차기도 하고 어깨를 감싸 안기도 합니다. 선수들의 발 마사지를 직접 하고, 비행기 안에서 비즈니스석을 부상당한 선수와 바꿔주고 본인은 다른 선수 어깨에 기대고 잤다는 일화도 있습니다. 심지어 대표팀에 차출된 선수들의 아내와 화상통화를 하며 "당신 남편은 내가 불러서 가는 게 아니라 국가의 부름을 받았다"고 말해주기도 합니다. 경기 중에도 경기 내내 라인을 따라 뛰면서 선수들에게 소리를 지르고 선수들 뒤에 자신이 있다는 사실을 알립니다. 또한 선수들이 상대의 거친 태클로 그라운드에 쓰러지자 주심에게 강력히 항의하다 퇴장을 당한 적도 있습니다. 이런 박감독은 베트남 선수들에게 단순한 감독이 아닙니다. 자신의 동료이자 아버지 같은 존재입니다. 권위를 앞세우지 않고 자신조차 팀원의 일부로 생각하는 박항서 감독의 수평적 리더십이 선수들의 마음을 하나로 커넥팅connecting 한 것입니다.

'우리' 사이에서는 '서로 취약점을 드러내도 안전하다'는 믿음이 있습니다. 또한 '함께하면 안전하다'는 믿음도 있습니다. 바로 신뢰가 생긴 것입니다. '우리'는 신뢰 공동체입니다. 신뢰가 서로를 강하게 커넥팅 합니다. 구성원들이 서로 자신의 약점 노출을 꺼리거나, 상대를 자신과 다른 부류라고 여길수록 그 팀은 하나가 되기 힘듭니다. '우리'가 만드는 강력한 힘을 사용할 수 없습니다.

빅블러의 시대

하지만 내부의 협력을 이끌어내는 것만으로는 부족합니다. 지금은 '빅블러Big Blur'의 시대입니다. 블러Blur란 사전적으로 흐릿해진다는 의미로 빅블러는 미래학자 스탠 데이비스가 그의 저서 《블러현상: 연결 경제에서의 변화의 속도》에서 사용한 데서 유래했습니다. 빅블러는 기존에 존재하는 산업 간 경계가 허물어지는 현상을 의미합니다. 소위 '경계 파괴'입니다. 경계가 파괴됐다는 것을 다른 말로 표현하면 서로 자유롭게 드나들 수 있다는 것이죠. 얼핏 긍정적 의미 같지만, 가만히 생각해 보면 움직이지 않으면 곧바로 나에게 위기가 들이닥친다는 의미가 됩니다. 나는 가만히 있는데 저 건너편에 있던 기업이 내 영역에 침범해오면 내

시장은 잠식당합니다. 대표적으로 카메라 시장이 스마트폰 시장에 잠식된 사례를 들 수 있습니다.

최근에는 사물인터넷IoT, 핀테크, 인공지능AI, 드론 등 4차산업 혁명의 혁신적인 기술이 등장하면서 빅블러 현상은 더욱 가속되고 있습니다. 유통업계는 그야말로 전쟁터를 연상케 합니다. 오프라인 대형 유통업체는 다른 대형 유통업체가 아닌 쿠팡이나 11번가, G마켓 등과 같은 인터넷 쇼핑 업체에 시장을 잠식당하더니, 이들 업체마저 이젠 거대 포털 사이트에 시장을 순식간에 내주고 있습니다. 네이버 쇼핑은 2022년 3분기에 무려 10조가 넘는 거래액을 기록해 쿠팡과 함께 명실상부한 이커머스 업계의 투톱으로 자리매김하고 있습니다.

금융권도 전쟁터이긴 마찬가지입니다. 이미 우리는 은행을 통해서만 송금하지 않습니다. 카카오나 네이버와 같은 핀테크 앱을 통해 세계 곳곳에 송금할 수 있죠. 소셜 네트워크 업체나 포털 업체가 금융권으로 속속 진입하고 있습니다. 특히 2021년 8월에 상장한 카카오뱅크는 당시 30조 원이 넘는 시가총액을 기록해 금융그룹 1위인 KB금융(당시 22조 원)을 압도적으로 뛰어넘었습니다. 2020년 말 기준 고작 903명의 직원을 가진 카카오뱅크가 평균 1만 4,000명의 직원을 가진 거대 시중은행이 장악한 시장의 경계를 순식간에 파괴한 것입니다. 카카오뱅크는 그 후 업계 시총 1위 자리를 내줬지만, 직원 1인당 생산성은 2022년에도 여전히 은행권 1위를 기록했습니다.

빅블러의 흐름은 이뿐만이 아닙니다. 2020년 신년사에서 김정태 하나금융그룹 회장은 놀랍게도 "스타벅스가 경쟁 상대"라고 밝혔습니다. 스타벅스는 커피 전문점입니다. 그런데 스타벅스는 멤버십 시스템이 구축된 선불카드 정책을 펼치고 있습니다. 수많은 스타벅스 고객들이 신용카드 대신 스타벅스 앱에 등록한 선불카드에 돈을 충전하면 할인이나 프로모션 같은 다양한 혜택을 제공합니다. 고객의 충전금을 받아두고 원하면 환불도 해줍니다. 고객의 40퍼센트는 스타벅스 앱을 이용해 결제합니다. 스타벅스는 앱에 예치된 금액을 정확하게 공개하고 있지는 않지만, 업계에서는 미국에서만 약 12억 달러(약 1조 4,800억 원), 전 세계적으로는 20억 달러(약 2조 4,000억 원)가 넘는 예치금이 있을 것으로 예상합니다. 가만히 생각해 보면 이미 스타벅스는 은행과 유사한 역할을 하는 것입니다. 아니나 다를까요. 2018년 10월 스타벅스는 이미 아르헨티나 은행 방코갈리시아^{Banco Galicia}와 파트너를 맺고 인터넷 뱅킹이 아닌 실제 오프라인 은행 지점을 오픈했습니다. 은행 이름도 '커피은행^{Coffee Bank}'입니다. 더 나아가 비트코인을 활용해 전 세계 어디에서든 하나의 앱으로 현지 통화 결제가 가능하도록 만들겠다는 청사진을 내놓은 바 있습니다. 은행권이 바짝 긴장하며 스타벅스를 예의 주시하고 있는 이유입니다.

자동차 시장도 거대한 빅블러 현상이 나타나고 있습니다. 무려 지난 100여 년 동안 기존 내연기관으로 안정적인 성장을 보였던 자동차 업계는 빅블러 현상이 가속하면서 최근 10년도 되지 않은 짧은 기간 동안 친환경화, 지능화, 서비스화라는 새로운 패러다임으로 급격히 이동 중입니다. 지금은 전기차, 자율주행차, 공유차, 커넥티드카 등 미래 차가 완전히 전면에 부상한 상태입니다. 그 선두주자는 기존 자동차 제조회사가 아닌 ICT 기업 테슬라입니다. 2022년 10월 기준 테슬라의 시가총액은 6,900억 달러로 글로벌 '넘버 1'인데요. 놀랍게도 폭스바겐·토요타·닛산·현대차·제네럴모터스GM·포드·혼다·피아트크라이슬러·푸조 글로벌 9대 자동차 제조업체의 시총을 합친 것보다 많습니다.

외부의 협력을 끌어내는 힘

이제 기업은 내부의 협력뿐 아니라 외부의 협력까지 이끌어내 빠른 혁신을 이룰 수 있어야 합니다. 최근 기업에서 이슈가 되고 있는 것이 '개방형 혁신open innovation'입니다. 개방형 혁신은 2003년 미국 버클리대 헨리 체스브로Henry W. Chesbrough 경영학 교수가 처음 제시한 개념인데요. 외부 집단지성을 활용해 문제를 해결하고 결과물에 대해 공동 특허를 얻는 방식을 뜻합니다. 산업 간 경계가 무지막지하게 파괴되고 모호해지는 시대에 자체 개발로는 도저히 그 변화의 속도와 폭을 따라잡지 못하므로, 기업 간 아이디어와 기술을 공유하고 협업을 통해 돌파구를 모색하는 혁신의 방법입니다.

짐 화이트허스트 Jim Whitehurst 미국 IBM 사장은 아시안리더십콘
퍼런스 ALC에서 다음과 같이 말했습니다.

"기업들의 혁신 방식이 대전환을 겪고 있다. 자신의 아이디어
를 꽁꽁 숨기던 과거와 달리 적극적으로 외부에서 협력자를 찾아
함께 개발하는 방식으로 변하고 있다."

그는 또 이 회의에서 IBM의 개방형 혁신 사례를 소개합니다.
2018년 시작한 '콜 포 코드 Call for code' 프로젝트인데요. 전 세계 스
타트업과 학교·기업들이 모여 자연재해와 같은 문제를 해결할 수
있게 하는 협동 기술개발 사업입니다. 이 사업을 통해 179국에서
온 40만 명의 개발자들이 불과 3년 만에 전 세계 환경·인종차별
문제를 해결하기 위한 1만 5,000여 개 앱을 탄생시켰습니다.[16]

국내 사례로는 유한양행을 들 수 있습니다. 유한양행은 2015년
초 9개였던 혁신 신약 파이프라인을 오픈이노베이션을 통해 30
개로 확대했는데요. 이 중 절반 이상이 오픈이노베이션을 통한 외
부 공동연구과제로 이뤄냈습니다. 외부 기술 및 약물의 개발단계
에 따라 유한양행의 강점인 효능·독성을 평가하는 전임상연구와
초기 임상연구 등 실질적인 개발 업무를 수행함으로써 가치를 높
인 후 기술을 해외로 수출했습니다. 2009년 국내 엔솔바이오사
이언스로부터 도입한 퇴행성 디스크치료제 YH14618을 임상 2
상 단계까지 개발한 뒤 2018년 미국 스파인바이오파마에 기술
이전하는가 하면, 제넥신의 약효지속 플랫폼 기술이 접목된 비알

콜성지방간 치료제 YH25724를 독일 베링거인겔하임에 기술 수출했습니다.[17]

개방형 혁신은 이렇게 빠른 속도와 혁신을 통해 새로운 가치를 창출합니다. 따라서 기업은 항상 열린 마음으로 언제든지 새로운 협업 기회를 모색해야 합니다. 개방형 혁신에는 외부와의 협업을 원활하게 만드는 커넥팅능력이 중요할 수밖에 없습니다.

변화의 폭과 깊이가 큰 시대에는 커넥팅 파워가 있어야 합니다. 커넥트connect의 사전적인 뜻은 '잇다, 연결하다, 관계시키다, 접속하다' 입니다. 개별적으로 떨어져 있는 A와 B를 서로 긴밀하게 관계 맺도록 하는 것이죠. 이 능력이 중요한 이유는 기업이 지속가능한 성장을 하도록 만드는 핵심 원동력이기 때문입니다. '하이퍼 커넥티드 사회Hyper-connected Society'에서는 수없이 많은 돌발변수와 파괴적 변화라는 불확실성을 피할 수 없습니다. 상황의 변화에 따라 마치 유기체처럼 대응할 수 있어야 합니다. 이때 가장 필요한 것이 내부 구성원 간 협업과 동종 또는 이종 기업 간 협업입니다. 기업 내외부의 탄력적인 협업을 통해서만이 불확실한 시장에서 살아남고 번영할 수 있습니다.

대가 없이 줄 수 있는 힘

비즈니스에서 커넥팅능력이 있는 사람들이 가진 몇 가지 공통된 힘이 있습니다. 대가 없이 줄 수 있는 힘, 평판의 힘 그리고 다양성의 힘이 그것입니다. 먼저 '줄 수 있는 힘'부터 살펴보겠습니다.

'가는 말이 고와야 오는 말도 곱다'라는 속담이 있습니다. 남에게 좋은 말이나 행동을 하면 자신도 그렇게 대접받는다는 말입니다. 비즈니스에서의 협력도 마찬가지입니다. 기본적으로 상대에게 주는 게 있을 때 받을 수 있습니다. 계약에 근거해 직원은 노동력을 제공하고 회사는 그에 대한 대가로 직원에게 월급을 지급합니다. 하지만 돈에 문제가 생기면 그 협력관계는 여지없이 깨집니다. 임금을 연체하는 회사에 일할 직원은 없습니다. 문제는 돈으로 협력관계를 맺기에는 한계가 있다는 점입니다. 모든 협력 관계를 돈으로 맺는 것은 대기업이 아니고서는 힘든 일이죠.

협업을 통한 창직을 하기 위해서는 '돈'보다 '관계'를 우선해야 합니다. 협업을 만드는 관계는 상대가 소중히 여기는 것을 대가 없이 줄 때 생겨납니다. 전 세계 21개 언어로 번역돼 수백만 부가 팔려나간 초대형 베스트셀러 《기버The Go Giver》의 저자 밥 버그와 존 데이비드 만은 성공의 유일한 원칙을 이렇게 말합니다. "주고, 주고, 또 주는 것!" 대가의 크기를 생각하지 않고 다른 사람을 진정으로 위하고 그들의 삶에 가치를 더하는 도움이, 결국 자신에게 더욱 큰 보상으로 돌아온다는 것이죠. 마치 박항서 감독이 베트남 선수들에게 아낌없이 자신의 마음을 주었듯이 말입니다.

사실 당연한 이치입니다. 인간은 자신이 소중하게 여기는 것을 채워주는 사람에게 기꺼이 도움을 주고 싶어 합니다. 나를 그만큼 소중히 여기고 있다고 느끼기 때문입니다. 단, 주의할 점이 있습니다. 상대가 진정으로 가치 있다고 여기는 것을 줘야 합니다. 별 가치를 느끼지 못하는 것을 자꾸 주려 하면, 오히려 상대는 부담을 느끼고 회피할 것입니다. 목마른 사람에게 빵 주는 꼴입니다. 심지어 '무슨 목적이 있는 게 아닌가'라는 의심까지 살 수 있습니다. 결국 주는 것도 '능력'입니다. 상대에게 진정으로 관심이 있을 때 비로소 그가 원하는 가치가 무엇인지 알 수 있습니다. 내가 지금 어렵고 힘들다면 스스로 질문을 던져보시기 바랍니다.

"나는 그동안 상대에게 정말 소중한 것을 얼마나 많이 주었을까?" 대가 없이 줄 수 있는 힘은 상대에 대한 따뜻한 관심에서 나옵니다.

평판의 힘

협업을 이끄는 방법은 크게 3가지가 있습니다. 강제로 끌고 오거나, 돈을 주고 끌고 오거나, 평판으로 끌고 오는 것입니다.

먼저 강제로 끌고 오는 법은 주로 혈연이나 학연 그리고 군대 인연 등을 들어 같이 일하자고 요구하는 경우입니다. 대부분 대가는 없거나 크지 않고 강제적인 성격이 강합니다. 억지로 하는데 지속적이고 생산적인 협업을 기대하기는 어렵습니다. 두 번째는 돈을 주고 끌어오는 것입니다. 하지만 돈으로 끌어온 사람에게 자발적이고 능동적인 협업을 기대하기는 무리입니다. 딱 자신에게 주어진 일만 할 것이고 언제든 더 많은 돈을 주는 곳으로 떠날 가능성이 큽니다. 마지막이 평판으로 끌고 오는 것입니다.

흔히 인간은 사회적 동물이라고 합니다. 혼자서는 살 수 없고 모여 사는 집단이라는 뜻이죠. 평판은 나에 대한 주위 사람들의 평가입니다. 평판이 좋다는 것은 내가 사람들과 원만하고 유익한 관계를 맺었다는 것이고, 평판이 나쁘다는 것은 내가 상대에게 거칠고 도움이 안 되는 관계를 맺은 것입니다. 최근 개인 간 거래시장이 크게 성장하고 있습니다. 당근마켓의 경우 동네에 있는 사람들이 개인적인 거래를 합니다. 이때 사람들이 중요하게 보는 것이 '매너 온도'입니다. 시간 약속도 잘 지키고 제품에 대해 친절히 설명해주는 판매자일수록 매너 온도가 높습니다. 그간 쌓아온 판매자의 평판인 셈이죠. 매너 온도가 높은 사람일수록 많은 거래를 할 수 있습니다.

어떤 집단이 새로운 구성원을 받아들이고 협력을 할 때 중요하게 여기는 것 역시 평판입니다. 회사가 경력직을 뽑을 때도 평판 조회를 하는 곳이 많습니다. 회사 측에서 과거 함께 일했던 직장 동료나 팀원들에게 후보자의 업무 성과나 성격 등에 관해 확인합니다. 평판이 좋지 않을 경우 당연히 회사는 채용을 거부하겠죠. 이처럼 기본적으로 협업을 가능하게 하는 중요한 요소 중 하나가 바로 평판입니다.

평판이 높은 사람일수록 사람들을 자석처럼 끌어옵니다. 평판이 좋은 사람들은 대부분 믿을 만하고 매력적이기 때문입니다. 매력이란 '사람의 마음을 사로잡아 끄는 힘' 혹은 '다른 사람들을 기쁘게 하거나, 끌어들이거나 매료시키는 힘'입니다. 그래서 매력 있는 CEO가 있거나 매력 있는 브랜드를 가진 기업이 큰 수익을 내는 경우가 많습니다. 스티브 잡스의 애플이 대표적입니다. 스티브 잡스는 애플 그 자체였고, 수많은 스티브 잡스의 광팬이 있었습니다. 그들은 애플의 제품을 사고 자진해서 홍보했습니다. 그 결과 스티브 잡스가 CEO로 있었던 당시 애플은 세계 시가총액 1위 기업에 올랐습니다. 하지만 그의 사망 직후 애플은 시가 총액 1위 자리를 내주었죠. 경영자로서는 역사상 유례를 찾아보기 힘들 정도로 글로벌 추모 열기가 뜨거웠던 점도 놀라웠습니다.

과거 마이크로소프트의 빌게이츠는 "직원들은 뭐든지 다 알아야 한다Know-it-All"는 문화를 고집했습니다. 반면 현 CEO인 사티아 나델라는 뜨거운 인간애를 바탕으로 "누구든 배우면 된다Learn-it-All"는 문화로 취임 5년 만에 마이크로소프트를 세계 1위 시가총액 기업에 올려놨습니다. 그 덕택에 회사의 평판은 2006년 139위에서 2019년에는 5위로 급상승했죠. 인도 출신 소수인종으로 그의 큰아들은 전신마비 장애까지 갖고 있었습니다. 이러한 배경 속에서 성숙한 철학은 '인간애'로 이어졌고, 대중들은 이런 나델라의 매력에 푹 빠져들기에 충분했습니다. 이런 측면에서 매력은 금전적 가치를 확대 재생산할 수 있는 '자본'입니다. 매력을 핵심으로 하는 CEO의 평판은 기업의 평판 및 수익과 직결돼 있습니다.

엔터테인먼트 업계는 매력 자본이 특히 더 막강한 힘을 발휘하는 곳입니다. K-POP 팬덤들은 특정 셀럽에 대해 앨범을 사고, 음원을 다운로드하며, 스스로 주변 사람에게 홍보합니다. 심지어 팬들끼리 돈을 걷어 지하철과 비행기에까지 전면광고를 싣기도 합니다. 셀럽이 매력적이기에 가능한 일입니다. 그런 매력이 좋은 평판을 만들어냅니다.

그렇다면 비즈니스 세계에서는 어떤 사람들이 특히 강한 매력을 발휘할까요? 공감, 배려, 관심 등은 인간관계에서 기본적으로 매력을 끄는 요소입니다. 하지만 비즈니스 세계에서는 추가적인 것이 필요합니다. 먼저 상대에게 인적, 정신적 또는 물질적 도움을 직접적으로 줄 수 있는 능력이 있어야 합니다. 나에게 필요한 사람을 소개시켜 준다거나, 금전적 혜택을 주는 사람 또는 나의 고착된 생각을 깨뜨리는 망치 같은 자극과 영감을 불어넣는 사람. 이들 주변에는 항상 협력할 준비가 된 사람들이 모입니다. 만나면 항상 새로운 발상을 얻게 되고 돌파구를 찾게 됩니다. 방향을 잡지 못하고 헤매는 사람들에게 이런 사람은 말 그대로 어둠 속 한 줄기 빛과 같습니다.

스크럼을 짤 구성원 중 평판이 좋은 사람이 있다면 협업을 이끌어내기가 더욱 쉬워집니다. 나의 팀에 사회적으로 존경을 받거나 평판이 좋은 사람이 존재한다는 것만으로도 큰 힘이 됩니다. 평판의 힘은 좋은 인맥을 끌어와 가장 효과적인 협업을 가능하게 합니다.

다양성의 힘

평판이 좋은 사람은 높은 수준의 인적 네트워크를 가지고 있습니다. 이런 네트워크는 상대가 결코 풀 수 없다고 생각했던 난제를 해결할 수 있게 합니다. 비즈니스 세계에서 정말 큰 가치는 남들이 쳐다보지 않는 곳, 접근 자체가 불가능하다고 생각하는 곳에서 나옵니다.

'사람'을 의미하는 '휴먼Human'과 '정보' 또는 '첩보'를 뜻하는 '인텔리전스Intelligence'의 합성어를 '휴민트Humint' 라고 합니다. 인적 네트워크를 통해 얻은 정보 혹은 이런 정보를 취득하는 정보원이나 인적 네트워크를 의미하는데요. 커넥팅능력이 뛰어난 사람일수록 다양한 분야의 휴민트가 많습니다. 커넥팅능력이 뛰어난 사람은 특정 사업을 검토하거나 시장 상황을 파악하고 싶을 때 휴민트를 통해 놀랍도록 빠르고 정확한 정보를 알아냅니다. 이런 이유로 커넥팅능력이 뛰어날수록 위기를 돌파하고 기회를 찾아내는 데 탁월한 역량을 발휘합니다.

국내에서 커넥팅능력이 탁월한 대표적 인물을 꼽으라면 단연 삼성전자 이재용 회장을 들 수 있습니다. 그는 휴민트가 많기로 소문난 소위 '인맥왕'입니다. 삼성이 그간 숱한 위기를 끊임없이 돌파해올 수 있었던 중요한 원동력 중 하나가 바로 그의 다양한 글로벌 인적 네트워크라고 해도 과언이 아닙니다. 이 회장의 인맥을 살펴보면 입이 떡 벌어집니다. 2019년 그는 인도 뭄바이행 비행기에 몸을 실었는데요. '아시아 최고 갑부' 무케시 암바니 인도 릴라이언스 인더스트리 회장의 장남 결혼식에 참석하기 위해서였죠. 그곳에 초대된 인사들의 명단은 화려하기 그지없었습니다. 토니 블레어 전 영국 총리, 순다르 피차이 구글 CEO, 사티아 나델라 마이크로소프트 CEO, 제임스 퀸시 코카콜라 CEO 등 세계적인 명망가들이 그 결혼식에 참석했습니다. 한국 기업인으로서는 이 회장만이 유일하게 참석했죠. 이 회장은 정재계 구분 없이 화려한 인맥을 가진 것으로 유명합니다. 이런 인맥은 위기를 극복하는 강한 힘이 됩니다.

2020년 12월 코로나 백신을 확보하기 위해 화이자와 협상하던 정부 관계자들은 속이 새까맣게 타들어갔습니다. 12월 초 계약을 체결하고 확보 가능한 물량을 파악할 수 있을 것이라 여겼지만, 시한이 다 되도록 협상에 진척이 없었습니다. 실무 담당자와의 논의는 계속 제자리를 맴돌았고, 화이자 고위 관계자와의 협상 창구는 전혀 확보할 수 없었기 때문입니다. 이런 상황을 이재용 회장이 일거에 해결했습니다. 이 회장은 오랜 기간 교류해온 한 글로벌 기업 최고경영자CEO가 화이자 사외이사로 활동하고 있었다는 사실을 확인하고, 그에게 직접 전화를 걸어 앨버트 부를라 화이자 회장과 백신 총책임 사장을 소개받았습니다. 이를 계기로 화이자 내부 고위 인사와의 협상 창구가 극적으로 만들어져 계약은 급물살을 탔죠. 심지어 백신 도입 시기까지 앞당겼습니다. 화이자가 최소 잔여형 주사기LDS에 관심이 많다는 정보를 입수하고, 지방 소재 중소기업인 풍림파마텍을 발굴해 금형개발 등 기술지원과 스마트팩토리 구축을 통해 한 달 만에 대량생산 체제를 완성시켰습니다. 풍림파마텍의 LDS 공급을 협상의 지렛대로 활용하자 백신 공급 논의는 급물살을 탔습니다. 그 결과 원래 2021년 3분기에나 공급받을 예정이었던 화이자 백신은 그해 3월부터 국내에 도입되기 시작했습니다.

2019년 일본의 반도체 소재 수출규제 당시 위기를 정면 돌파할 수 있었던 원동력 중 하나는 그의 다양한 인적 네트워크였습니다. 당시 일본 정부가 불화수소 등 반도체 핵심 소재 수출을 제한하자 이 회장은 곧바로 일본을 방문해 현지 업계 관계자들과 만나 긴급 물량을 확보하는 데 성공함으로써 반도체 생산 차질을 막았었죠. 탄탄한 일본 재계와의 인맥도 한몫했습니다.

그의 탁월한 커넥팅능력은 미래 먹거리 발굴에서도 빛을 발휘했습니다. 2020년 9월 미국 버라이즌과 7조 9,000억 원 규모의 초대형 5세대(5G) 장비 납품계약을 체결할 당시였습니다. 이 회장은 10여 년간 인연을 이어오던 한스 베스트베리 버라이즌 CEO와 수차례 전화와 영상회의 등을 통해 삼성의 장점을 어필함으로써 계약을 따내는 데 결정적 역할을 했습니다.

스크럼을 짤 때 다양한 분야의 휴민트가 많은 인재, 즉 서로 도움을 주고받을 수 있는 인적 네트워크가 풍부한 사람과 함께 할수록 성공확률은 높아집니다. 흔히 집단지성Group Intelligence이 중요하다고 많이 이야기합니다. 하지만 집단지성은 IQ가 높은 사람들이 모인다고 해서 전체 지성이 높아지지는 않습니다. 다양한 분야의 사람들이 공통의 목표를 가지고 문제와 지식을 공유할 때 가능한 것입니다. 커넥팅능력이 뛰어난 인재가 팀 안에 존재하면 집단지성을 통해 문제를 해결하는 능력이 훨씬 커집니다. 하지만 반대의 경우 그 팀은 '집단사고'에 빠지기 쉬워집니다. 응집력은 강할지 몰라도 편향된 방향으로 의견이 모아지고 비판적 사고를 잃게 됩니다. 그 결과 주변 사람들의 말은 무시하며 불합리한 결정을 내리게 되죠. 커넥팅능력은 다양성을 담보로 팀의 지속가능성과 확장성을 크게 높여줍니다.

정리하면, 상대가 처한 상황을 이해하고 상대에게 정말 가치가 있는 것을 대가 없이 줄 수 있고, 다양한 분야의 사람들과 관계를 맺고 있으며, 그들로부터 좋은 평판을 받는 인재가 팀에 존재할수록 내외부의 협업을 탁월하게 이끌어 성공할 가능성이 커집니다.

커넥팅능력의 구성 요소

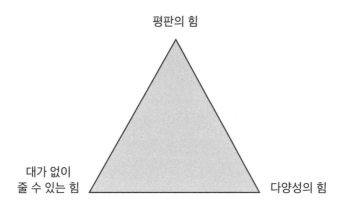

Remixing,
당연한 것을 새롭게 만드는 힘

음악 용어 중 믹싱^{mixing}이라는 단어가 있습니다. 음악 믹싱은 준비된 소스(악기 연주와 노래)를 잘 섞어서 하나의 음악으로 완성시키는 단계를 뜻합니다. 과거에는 작품제작자가 직접 연주자들을 불러 소스를 준비하기도 했지만, 최근에는 가상 악기에서 음악 소스를 직접 골라 믹싱을 통해 음악을 완성합니다. 여러 가지 소스를 섞어 완성품을 만드는 것이죠.

리믹스^{remix} 역시 음악 용어입니다. 예를 들면 믹싱을 통해 완성된 곡(원본)에서 음원을 추출하고 원하는 비트와 코드를 삽입한 후 속도를 빠르게 하거나 늦추면서 다양한 리듬과 멜로디, 악기 등 음악적 효과를 넣습니다. 아예 자신만의 스타일로 재편곡하는 거죠. 이렇게 리믹스는 원본을 해체 후 재조립을 통한 변형으로 새롭게 하는 작업이라고 할 수 있습니다.

나는 리믹싱을 '기존의 인식에 새로운 관점을 불어넣어 형상화시키는 능력'이라고 부릅니다. 창의력 역시 기존에 있던 생각이나 개념을 해체 후 조합해 새로운 생각이나 개념을 찾아내는 능력입니다. 따라서 리믹싱은 창의력을 핵심으로 합니다. 리믹싱능력이 뛰어난 사람은 습관대로 생각하고 느끼던 우리에게 보이지 않던 것들을 보게 하고, 듣지 못했던 소리를 듣게 하며, 느낄 수 없던 감각을 느끼게 합니다.

1991년 일본 아오모리현에 강력한 태풍으로 농부들이 땀 흘려 가꿔온 사과밭이 엉망진창이 되고 말았습니다. 무려 90퍼센트 이상의 사과가 태풍에 떨어져 버리자 농민들은 충격과 낙담에 빠졌습니다. 상품성 있는 사과는 표면이 매끈하고 탄력 있으며 밝은 붉은색을 띠어야 하지만, 상처 난 사과는 당연히 팔리지 않을 테니까요. 이렇게 모든 농부가 태풍으로 땅바닥에 '떨어진' 사과에 정신이 팔려 있는 동안 한 청년은 아직 나무에서 떨어지지 않은 '붙어 있는' 사과를 보며 생각에 잠겼습니다. 당시 대학입시가 얼마 남지 않았다는 뉴스가 떠오른 그 젊은이는 붙어 있는 사과와 대학입시의 공통점을 발견합니다. 폭풍우를 견디며 '붙어 있는' 사과를 '붙고 싶은' 대학입시와 연결한 것입니다. 그리고 사과에 새로운 의미를 부여했습니다. 그 결과 탄생한 것이 사과의 표면에 '합격'이라는 글자를 붙인 '합격사과'입니다. 합격사과는 순식간에 10배가 넘는 가격으로 전국으로 팔려나갔으며 농가소득은 예년을 훨씬 웃돌았습니다.

'호캉스(호텔 + 바캉스)' 역시 기존 개념들을 해체 후 조합해 탄생한 것입니다. 호텔은 여행객이 휴식을 위해 묵는 고급 숙박시설이라는 것이 고정관념입니다. 이 관념을 해체 후 재조립했습니다. '여행객을 위한 호텔'이 아닌 '여행을 위한 호텔'로 새롭게 포지셔닝 한 거죠. 호텔에서 바캉스를 보내자! 여행지에 가면 이곳저곳 다니면서 돈을 쓰지만 호텔에서는 원스톱으로 피트니스, 수영장, 사우나 등 모든 고급 서비스를 제공받을 수 있습니다. 관광지 바가지 물가도 피할 수 있고요. 또 휴가철에 여행지에 가려면 교통도 혼잡하고 주변도 소란스럽습니다. 코로나 팬데믹까지 겹쳐 사람들 많은 곳은 더욱 피하게 됐습니다. 하지만 호캉스는 도심 안에서도 조용하게 얼마든지 휴가를 보낼 수 있습니다.

'합격사과'나 '호캉스' 모두 기존에 당연하다고 생각한 것을 비틀어 새로운 의미를 부여했습니다. 흥미로운 부분은 관점을 비틀어 만든 새로운 의미가 소비자들의 걱정이나 욕망을 정확히 꿰뚫었다는 것입니다. 다시 말해 리믹싱능력이 뛰어난 사람은 소비자들이 원하는 것을 파악해 그 방향으로 기존의 것에 변형을 가한 후, 새로운 의미를 부여하는 데 탁월한 역량을 가지고 있습니다.

다음 역시 기존의 관점을 비틀어 새롭게 만든 사례입니다. 코로나19로 가장 타격을 받은 곳 중 하나가 음식점입니다. 손님이 급감하면서 음식점 주방은 넘쳐나고 임대료 부담은 갈수록 커졌습니다. 이때 리믹싱을 통해 훌륭한 비즈니스 모델을 만든 회사가 있습니다. 프랭클린정션Franklin Juction이라는 회사입니다. 이 회사는 코로나19에 따른 음식점 업계의 걱정과 욕망을 파악해 기존 주방의 개념을 새롭게 했습니다. '주인이 쓰는 주방 공간'을 '빌려주는 주방 공간'으로 바꾼 것입니다. 음식점 주인이 자신도 영업하면서 음식점을 하려는 창업자와 주방을 공유하게 한 것이죠. 방식은 에어비앤비처럼 주방을 매개로 호스트와 게스트를 연결했습니다. 회사는 호스트 신청을 한 주방에 대한 정보(여유공간, 원하는 추가수익, 주변 음식점 등)를 먼저 파악한 후 이 주방을 공유하면서 남는 공간에 입주할 게스트를 연결시켰습니다. 매칭이 이루어지면 게스트는 배달전용으로 음식을 만들고, 호스트는 하던 대로 식당을 운영하며 게스트로부터 임대료를 받습니다. 이 과정에서 회사는 신규 음식점 매출의 5퍼센트를 수수료로 받습니다. 호스트 주방은 임대료라는 새로운 수익을 얻고, 게스트 주방은 무자본으로 창업이 가능한 모델이죠. 이 모델은 코로나19로 임대료 부담과 손님 부족으로 남아도는 주방에 대한 문제를 리믹싱을 통해 해결한 사례입니다. 관점을 바꾸면 기존 개념은 해체되고 새로운 개념이 연결되고 재조합됩니다. 거기서 거대한 부가가치가 창출됩니다.

주목받는 리믹싱의 조건, MZ이즘

모든 것이 감당할 수 없을 정도로 넘쳐나는 현재의 세상에서 기업의 콘텐츠(상품과 서비스)가 '주목^{attention}' 빈기란 결코 쉽지 않습니다. 특히 새롭게 시작하는 스타트업에게는 더더욱 힘든 일이지요. 그래서 콘텐츠를 시장에 내놓을 때 가장 필요한 것은 '주목받는 일'입니다. 아무리 품질과 서비스가 탁월해도 눈에 띄지 않으면 시장에서 사라지고 맙니다. 그래서 기업들이 내세우는 것이 바로 '공짜'입니다. '공짜라면 양잿물도 마신다'는 우리 속담도 있듯이 공짜만큼 소비자들의 주목과 관심을 끄는 것도 없습니다. 하지만 공짜 마케팅도 이젠 잘 먹히지 않습니다. 초창기 공짜 마케팅으로 빠르게 많은 사용자를 끌어모을 수는 있지만, 매출이 수

익으로 직결되지 않습니다. 공짜 비즈니스 모델을 유지하기 위한 비용이 더 많이 들어가기 때문입니다. 또한 고객들 역시 공짜는 반드시 대가가 따른다는 것을 알게 되었습니다. 자신의 개인정보가 유출돼 피해를 받기도 하고, 광고전화와 문자에 몸살을 앓기도 합니다. '세상에는 공짜 점심이 없다'는 말이나 '산토끼 잡으려다 집토끼 놓친다'는 속담을 생각나게 합니다.

고객의 주목을 확실하게 끄는 것은 '공짜'가 아니라 '진짜'에서 나옵니다. 그 진짜는 콘텐츠가 3가지 요소를 갖출 때입니다. 놀라움surprising과 흥미interesting 그리고 의미meaning입니다. 이 3가지 요소가 모두 포함돼 있을 때 고객은 그 대상에서 낯설음과 새로움을 발견하고 이목을 집중합니다.

놀라움은 콘텐츠를 만드는 회사에서 가장 신경을 많이 써야 할 요소 중 하나입니다. 놀라움은 고객의 이목을 집중시키고 궁금증과 흥미를 불러일으켜 몰입할 수 있게 합니다. 놀라움은 크리에이티브의 핵심 요소로 고객의 기대를 거스를 때 생깁니다. 30년이 지난 지금도 최고의 명작 영화 중 하나로 꼽히고 있는 〈죽은 시인의 사회〉는 놀라움이라는 요소를 영화 초반에 잘 보여주고 있습니다. 전통과 엄격한 규율을 중시하는 입시명문 고등학교에서 영화의 주인공 키팅 선생은 첫 수업부터 휘파람을 불며 나타나 학생들을 다짜고짜 바깥으로 끌고 나갑니다. 그리고 이미 오래전 유명을 달리한 선배들의 사진 앞에서 그 유명한 '카르페 디엠 Carpe Diem'에 대해 외치죠. '내일이 아닌 오늘을 살라'고 하면서 말입니다. 또 그는 교과서를 펼치고 여느 평범한 수업처럼 〈시의 이해〉라는 서문을 읽게 하다가 갑자기 소리칩니다. "이건 쓰레기야. 찢어 버려!" 순간 당황한 학생들은 얼어버리지만, 곧 신나게 서문 페이지를 찢는 장면이 연출됩니다. 키팅 선생은 갑자기 교단 위를 밟고 올라가 이렇게 외치기도 합니다. "어떤 사실을 안다고 생각할 땐 그것을 다른 시각에서 봐라."

〈죽은 시인의 사회〉의 초반 도입부는 파격破格의 연속입니다. 격식을 깨뜨리죠. 이것이 곧 관객들에게 놀라움을 선사하며 강한 궁금증을 불러일으키며 영화에 몰입하게 만들었습니다. 그 결과 위대한 명작이 탄생한 것입니다.

그런데 놀라움을 선사하는 콘텐츠가 흥미까지 불러일으킨다면 고객은 더욱 큰 관심을 보입니다. 영화 예고편은 놀라운 장면이 많아 저 영화를 꼭 봐야겠다는 생각을 들게 하지만, 막상 영화를 보면 형편없는 경우도 많습니다. 놀라움을 주더라도 흥미라는 요소가 따라오지 않으면 빛 좋은 개살구가 되기 쉽지요. 여기서 한 가지 구분할 개념이 있습니다. 재미와 흥미입니다. 이 둘은 얼핏 비슷해 보이지만 차이가 있습니다. 둘 다 좋은 느낌과 감정이지만, 재미는 오래가지 않습니다. 재미있는 것도 되풀이하면 재미가 떨어집니다. 반면 흥미는 2부에서 설명했듯 어떤 것에 호기심과 관심을 가지는 정서적, 심리적 감정입니다. 그래서 지속적이며 몰입과 참여도까지 높아집니다. 흥미가 있는 것을 직업이나 취미로 가지게 된다면 삶의 만족도가 올라가는 이유입니다.

놀라움과 흥미에 의미까지 콘텐츠에 담기면 고객은 열광하게 됩니다. 특히 MZ세대가 이 3가지 요소가 결합된 콘텐츠를 열정적으로 소비합니다. 전 세계 인구 3명 중 1명이 MZ세대일 만큼 오늘날 시장의 가장 큰 주력 소비층을 차지하고 있습니다. 나는 흥미interesting, 놀라움surprising, 의미meaning의 영문 앞 글자를 딴 'ism'을 MZ세대의 소비주의에 빗대어 'MZ이즘'이라고 부릅니다. 이 3가지를 모두 갖춘 상품은 블랙홀처럼 MZ세대들을 빨아들입니다. 실제로 모든 성공적인 콘텐츠는 예외 없이 MZ이즘을 따릅니다.

먹방계 여신이라 불리는 유튜버 '쯔양'은 왜소한 체구에도 불구하고 그녀가 먹는 음식의 양은 입이 쩍 벌어질 정도로 놀랍습니다. 체중이 늘지도 않고 건강검진을 받아도 멀쩡합니다. 또 매번 새롭고 다양한 음식과 장소가 등장해 지속적인 흥미를 불러일으킵니다. 그런데 이 유튜버는 유튜브 수익을 남몰래 기부하는 것으로 더욱 유명해졌습니다. 놀랍고 흥미로운데 남몰래 선행까지 베풀어 의미까지 더해주니 사람들의 관심은 폭발적일 수밖에 없습니다. 올리는 영상마다 200만 회 이상의 조회수는 기본이며 1,000만 조회수가 넘는 콘텐츠도 수두룩합니다. 2022년 9월엔 구독자 수 700만 명이라는 어마어마한 결과를 이뤄냈습니다.

리믹싱이 가져오는 블랙홀 효과

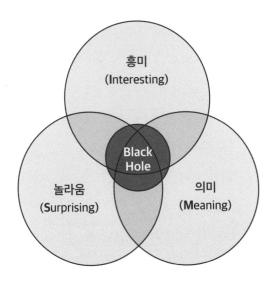

전 세계 음악계를 평정하고 있는 BTS 역시 이 3가지 요소를 완벽하게 갖추고 있습니다. 놀랍도록 멋진 음악과 화려한 퍼포먼스, 매번 기록을 경신하며 끊임없이 도전하는 모습에서 이끌리는 흥미, 그리고 'love yourself', 'speak yourself'를 외치며 자신을 찾고, 사랑하고, 드러내라는 강력한 메시지(의미)는 세계 음악계가 BTS를 비틀즈, 마이클 잭슨과 동일선상에 놓을 정도로 위대한 그룹으로 성장시켰습니다. 2011년 7월에 발표한 〈퍼미션 투 댄스〉는 퍼포먼스에 수어 포인트 안무까지 넣어 청각장애인들에게까지 커다란 감동을 선사했습니다.

리믹싱능력은 MZ이즘을 만들어내는 원천입니다. 창직을 할 때 이 리믹싱능력은 필수입니다. 창직 Job Creation 자체가 창의성을 전제로 하고 있고, 리믹싱을 통해 나타난 MZ이즘이 매력적이고 성공적인 비즈니스 모델을 만들기 때문입니다. 리믹싱능력은 세상에 선한 영향력을 발휘해 조직원뿐 아니라 사회 전반이 더 큰 공동체적 가치를 이룰 수 있도록 돕습니다.

Uniting,
기술을 융합하는 힘

전화 기능만 있던 휴대폰에 카메라와 음악 재생 기능이 추가되면서 디지털카메라나 MP3플레이어와의 경계가 무너졌습니다. 휴대폰은 점점 스마트한 기술이 접목되면서 스마트폰으로 진화했고 PC와의 경계도 거의 허물어졌습니다.

유니팅uniting은 글자 그대로 '합치는 것'입니다. 하지만 단순히 '1+1=2'의 결합이 아닌 '1+1=111'이 되는 결합입니다. 이 책에서 유니팅능력은 서로 다른 분야의 기술을 결합해 새로운 가치를 창출하는 능력으로 부릅니다. 융합이라는 의미와 동일합니다.

융합을 통해 시장을 뒤흔든 대표적 인물은 일론 머스크입니다. 전통 자동차 제조업체가 아닌 실리콘밸리의 기업이었던 테슬라는 기존 자동차에 센서, 사물인터넷, 인공지능, 클라우드 시스템, 주행 데이터 분석 등 다양한 기술들을 융합해 '바퀴를 달고 움직이는 스마트폰'을 만들었습니다. 기존 자동차가 단순 변형된 형태가 아니라 완전히 새로운 자동차를 만든 것입니다. 일반 자동차는 고장이나 제품 결함이 발생하면 정비소에 갑니다. 하지만 테슬라 자동차는 정비소에 가지 않습니다. 소프트웨어 업데이트를 통해 차를 수리합니다. 자동차 시장의 패러다임을 완전히 바꿔버린 거죠. 움직이는 스마트 공간이 탄생한 것입니다.

사실 융합의 대가는 스티브 잡스라고 해도 과언이 아닙니다. 그가 이끌던 애플의 아이폰은 융합기술의 산물입니다. 표면적으로는 단순한 통신기기로 보이지만 그 내부를 들여다보면 단말기인 하드웨어와 하드웨어를 관리하는 운영체제, 앱스토어를 통해 거래되는 소프트웨어, 정보 교환을 가능하게 하는 통신 인프라스트럭처, 그리고 이를 소비자에게 전달하는 서비스까지 치밀하게 융합해 강력한 아이폰의 생태계를 만들었습니다.

앞으로 유니팅능력이 중시될 수밖에 없는 이유는 세상의 모든 사물이 연결되는 '만물인터넷 Internet of Everything'시대로 접어들기 때문입니다. 세계적인 IoT 전략가이자 미래학자인 데이비드 스티븐슨은 그의 저서 《초연결》에서 이렇게 말합니다.

"IoT란 조립식 장난감부터 거실 전구, 머나먼 열대우림의 나무와 목초지의 소까지 세상에 존재하는 모든 '사물thing'에 고유한 '식별이름'을 부여한 뒤, 그것을 인터넷이나 지역의 유무선 통신망으로 다른 사물과 연결한다는 개념이다. 이전에는 접근하지 못했던 자연물과 인공물의 정보를 알아내고, 그것을 융합하며 활용할 수 있게 된 것이다. 또한 제조사와 유통사는 IoT 장비를 통해 데이터를 수집하고 해석하며, 그 결과에 따라 다음 단계를 미리 예측하고 행동할 수 있다. 그것도 모두 '실시간'으로 말이다. 이는 과거에는 완전히 불가능했던 일이자, 앞으로 모든 상황을 뒤바꿔놓을 '혁명'이다."[18]

앞으로 사물 인터넷은 산업의 한 분야가 아닌 전체 산업의 인프라 역할을 하게 될 것입니다. 융합기술이 가장 활발하게 일어날 플랫폼이기 때문입니다. 기존의 사물에 다양한 기술이 융합돼 마치 사물이 사람처럼 생각하고 행동하게 만들 것입니다.

서울시는 노후 민간건축물 안전관리에 블록체인과 IoT 융합기술을 도입해 위험요소를 실시간 자동으로 감지하고 예방할 수 있는 위험 구조물 안전진단 플랫폼을 가동하기 시작했습니다. 안전등급이 낮아 재난위험시설로 지정·관리되거나 지은 지 30년이 경과한 노후 건축물에 IoT 센서를 부착해 만약 위험이 감지되면 자치구·건물소유자에게 경보 문자로 전송해 사전에 예방조치를 취할 수 있게 한 것입니다. 이제 사물이 스스로 자신의 상태를 파악해 사람에게 말을 거는 시대입니다. 덕택에 앞으로 급작스럽게 건물이 무너져 다치거나 사망하는 참사는 피할 수 있게 될 것입니다.

서비스 분야에서도 이종 분야 간 기술 융합이 활발합니다. 국내 통신사들은 자신들이 보유한 인공지능(AI), 빅데이터, 클라우드 등 다양한 IT 기술을 헬스케어 분야에 접목해 새로운 미래 먹거리 사업을 발굴하는 데 한창입니다.

SK텔레콤의 자회사 SK플래닛은 혈액을 AI 분석을 통해 질병 여부를 조기에 분석할 수 있는 '프로테오믹스(단백질체)' 기반 기술을 보유한 바이오 기업 베르티스에 150억 원을 투자해 2대 주주가 됐습니다. 앞으로 심혈관 질환, 췌장암, 난소암, 우울증 등 질병 진단 서비스 분야를 확대할 계획입니다. KT는 2021년 3월 열린 주총에서 목적사업에 '의료기기의 제작 및 판매업'을 추가했습니다. 빅데이터·클라우드 기반의 바이오 정보사업을 추진하기 위함입니다. LG유플러스는 다가올 고령화 시대를 고려해 노인 돌봄 서비스 개발에 초점을 두고 있습니다. 특히 노인성 질환인 '치매' 예방에 중점을 두고 엠쓰리솔루션과 예방·관리 서비스를 개발했습니다.

유통업체 한진은 택배차량 운행을 통해 확보한 도로 정보를 외부에 판매하는 신사업에 나섰습니다. 택배차량에 장착된 카메라가 촬영한 도로 정보를 가상현실VR과 증강현실AR 기술과 융합해 관련 업체에 판매하는 것입니다. 이를 통해 도로 정보를 항상 최신의 상태로 업데이트 할 수 있습니다. 수시로 같은 구역을 다니는 택배 차량을 활용하면 별도의 차량 운행 없이도 도로 정보를 항상 최신으로 유지할 수 있기 때문입니다. 국내외 인터넷 지도 서비스들이 '거리뷰', '로드뷰', '스트리트뷰' 등의 이름으로 도로 주변 모습을 촬영해 제공하고 있지만, 촬영을 위해 별도의 인력과 장비가 필요한 만큼 최신 정보를 빠르게 업데이트하는 건 한계가 있다는 점을 파고든 것입니다. 이를 위해 한진은 VR/AR 기술 전문업체인 'UOK'와 업무협약을 체결했습니다. 이 사업모델은 한진에서 2019년 열린 '택배서비스를 활용한 신규 비즈니스 제안' 사내 공모전에서 1위로 선정된 직원의 아이디어에서 출발했습니다. 사내에 유니팅능력이 있는 직원이 있었던 덕택입니다.

메타버스 시장 역시 융합기술이 활발히 진행될 분야 중 하나입니다. VR 전문업체 프론티스와 BIM(건축정보모델링) 전문업체 피식스컨설팅, 블록체인 NFT(대체 불가 토큰) 전문기업 코어다트랩은 메타버스 플랫폼 구축을 위한 3자 협약을 체결했습니다. VR기술로 메타버스 기반을 구축하고 BIM 기술로 메타버스 속 3D 건물과 공간 조성을 하며, NFT코인으로 토지와 부동산 등을 거래하거나 임대할 수 있는 비즈니스 모델을 만들겠다는 계획입니다. 각사가 보유한 원천 기술을 융합해 차별화된 시장을 만드는 것이 목표입니다.

엔터 업계에서 문화와 기술을 융합해 새로운 시장을 여는 시도도 이어지고 있습니다. SM엔터테인먼트와 KAIST는 '메타버스

연구를 위한 업무협약'을 체결했습니다. 두 기관은 앞으로 콘텐츠·AI·로봇 분야 연구, 디지털 아바타 제작 관련 공동 프로젝트, 문화 기술 관련 공동 학술연구에 나설 예정입니다. 미래 엔터테인먼트 시장은 연예인의 생각과 말투를 학습한 인공지능 아바타가 팬들과 소통하고 관계를 맺을 것으로 보고 콘텐츠와 AI, 아바타, 로봇 기술을 융합시키겠다는 의미입니다.

이처럼 유니팅능력이 중요해진 이유는 무엇일까요? 사물인터넷의 발달과 함께 산업 간 경계가 무너지면서 경계가 모호해졌습니다. 앞서 말씀드린 것처럼 빅블러big blur의 시대입니다. 전혀 다른 분야에서 경쟁자가 나타나 시장의 판도를 하루아침에 바꿔버리곤 하죠. 그만큼 이전보다 훨씬 경쟁이 치열해졌다는 뜻입니다. 수많은 혁신 기술이 하루가 멀게 쏟아져 나오고 있는 상황에서 고객에게 선택을 받으려면 고객의 걱정과 욕망을 꿰뚫는 차별화된 상품과 서비스를 내놓아야 합니다. 유니팅능력은 이것을 기술적으로 가능하게 합니다. 서로 관련 없는 분야의 기술이 융합될수록 시장에 먹히고 시장을 뒤흔들 수 있는 상품과 서비스가 탄생하기 때문입니다.

유니팅능력이 뛰어난 사람

《기술지능》의 저자 정두희 교수는 2002년부터 2009년까지 미국 제조업체에서 융합을 기반으로 개발된 특허 6,059개를 분석했습니다. 이를 통해 "한 분야의 기술을 지속적으로 개발한 특허보다 다양한 분야의 기술을 전방위적으로 융합한 아이디어일수록 향후 타 기술이나 제품에 많이 채택돼 질적인 성과가 더 높았다"는 결론을 이끌어냈습니다. 그리고 그는 기술지능을 "기술로 역량을 증폭시킬 줄 아는 능력, 기술 속에 숨겨진 가치를 감지해내고, 기술이 자신에게 어떤 의미인지 해석하고, 기술의 힘을 자신의 역량으로 흡수해 이를 탁월하게 활용해내는 능력"이라 했습니다.

실제로 전 세계의 혁신을 주도하고 있는 혁신 기업들의 CEO는 기술지능이 뛰어난 공학 전문가들이 많습니다. 아마존의 제프 베조스는 전기공학 및 컴퓨터공학을 전공했고 구글의 래리 페이지는 컴퓨터공학, 애플의 팀 쿡은 산업공학, 페이스북의 마크 저커버그는 컴퓨터공학, 넷플릭스의 리드 헤이스팅스 역시 컴퓨터공학 전공 출신입니다. 공학 전공자가 CEO인 기업이 모두 성공하는 것은 아니지만, 4차산업혁명 시대에 성공한 기업들의 상당수 CEO가 공학 전공자인 건 틀림없습니다.

정두희 교수는 또 2012년부터 2016년까지 GE, 3M, P&G, 애플 등 글로벌 제조기업뿐 아니라 중소기업 최고 경영진 2,000명을 대상으로 그들의 개인적 특성이 혁신적인 성과를 창출하는 능력과 어떤 관계가 있는지 연구했습니다. 그 결과 뛰어난 혁신 성과를 창출하는 경영자는 5가지 영역에서 두드러진 차이가 있음을 밝혀냈습니다. 미래 기술이 가져올 기회를 포착하는 감지 능력, 기술의 잠재성을 이해하는 해석 능력, 탁월한 기술의 힘을 자신의 역량으로 습득하는 내재화 능력, 다양한 기술적 아이디어를 결합하는 융합 능력, 기술을 이용해 자신의 역량을 향상시키고 시장과 사회에 미치는 영향력을 높이는 증폭 능력이 그것입니다.[19] CEO가 기술을 감지하고, 해석하고, 습득하고, 융합하여 증폭시키는 능력이 뛰어날수록 탁월한 혁신을 이끌어냈다는 것입니다.

유니팅능력은 기술지능이 높은 사람이 가진 대표적인 역량입니다. 오늘날 세상을 주름 잡는 구글, 애플, 페이스북, 테슬라, 아마존, 우버 등 대부분의 글로벌 ICT 기업들의 CEO는 이 기술지능이 높습니다. 따라서 스크럼을 짤 때 유니팅능력이 있는 사람이 존재하면 성공 가능성은 크게 높아집니다. 반면에 인공지능, 자율주행차, 클라우드, 5G, 사물인터넷, 3D프린터, 디지털 트윈 등 4차산업혁명의 기반 기술에 대한 포괄적 이해가 없고 융합능력이 떨어지면 경쟁력을 갖기가 쉽지 않습니다.

기술지능의 5가지 능력

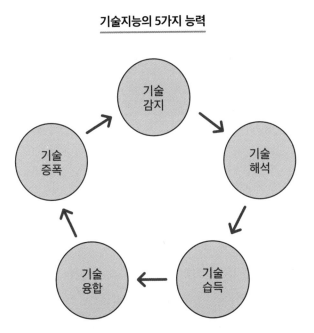

Mapping,
전체를 시각화하는 힘

우리가 놀이공원에서 손에 들고 다니는 것이 있습니다. 바로 놀이공원 지도map이죠. 그 지도를 펼치면 놀이기구 위치를 한눈에 볼 수 있습니다. 타고 싶은 놀이기구를 정하면 '어디를 지나서 어디를 잠깐 들른 후 그곳으로 간다'와 같은 계획을 세우죠. 함께 간 친구들이 각자 타고 싶은 것이 다를 때도 지도를 보고 나중에 만날 약속 장소를 정하기도 합니다.

지도map는 우리를 둘러싸고 있는 환경을 시각화한 것입니다. 시각화란 '보이지 않는 것을 일정한 형태로 보이게 하는 과정이나 그 결과물'입니다. 지도가 없다면 현재 자신의 시야각 안에 들어온 환경은 인식할 수 있지만, 전체를 인식할 수는 없죠. 우리가

지도를 보는 이유는 전체를 보면서 내가 현재 어디에 있는지를 알고, 목적지를 파악해 가장 효율적인 길을 찾아서 가기 위함입니다.

비즈니스도 마찬가지입니다. 사업을 할 때 우리는 현재 어디에 있고 목적지가 어디인지, 그리고 그 목적지를 가기 위해 어떻게 가야 하는지를 한눈에 알 수 있게 하는 지도가 있어야 합니다. 하지만 대다수 기업은 이런 전체 지도가 없습니다. 있더라도 CEO나 주요 경영진만 가지고 있습니다. 그들은 직원들이 그 지도를 알 필요가 없거나 알아서도 안 된다고 생각하는 경향이 있습니다. 자신의 권위를 강화하기 위해서 또는 회사 기밀이 새어나간다는 이유로 말이죠. 팀원들이 가진 것이라고는 자신이 속한 영역의 부분적이고 파편적인 지도뿐입니다.

회사 경영진이 이런 생각이라면 부서 간 정보 공유도 세대로 이루어지지 않습니다. '사일로 이펙트Silo Effect'라는 말이 있습니다. 사일로는 시멘트, 곡물, 사료 등의 화물 저장고인데요. 주로 세로로 긴 원통 형태를 띤 거대한 통입니다. 사일로 이펙트는 비즈니스에서 부처 이기주의를 뜻하는 말로 자주 쓰입니다. 각 부서가 사일로처럼 폐쇄적인 환경에 갇혀 일하면서 무의미한 내부 경쟁만 일삼다가 결국 회사에 치명적인 영향을 미치게 될 때를 일컫는 말입니다. 사일로에 갇힌 팀이나 조직은 무엇이 문제인지 파악하지 못하고, 버젓이 드러난 문제조차 문제로 인식하지 못합니다. 회사 전체 사업구조와 흐름을 파악하지 못할 뿐 아니라 자신이 보고 싶은 것만 보기 때문이죠. 하나로 연결되는 사회에서는 사일로를 타파해야 기업이 살아남습니다. 생각과 아이디어를 전달하고, 문제를 해결하며, 가치와 문화를 한눈에 알 수 있게 하는 시각화가 필요한 이유입니다.

　매핑mapping은 '기존 구성 요소의 패턴pattern이나 관계성, 그리고 그 속에서 찾은 인사이트를 그림이나 다이어그램과 같은 시각 정보로 나타내는 작업'을 뜻합니다. 특정 목적을 달성하기 위해 전체 구성 요소의 관계성을 시각적으로 표현하는 것이죠. 매핑을 하면 구성요소들이 서로 어떤 관계성을 갖는지 알 수 있어 전체 그림을 볼 수 있습니다. 그 결과 현재 나의 위치를 파악하고 앞으로 어떤 방향으로 나아가야 할지에 대한 인사이트를 얻습니다. 마치 산 정상에서 내려다보면 도시 전체의 구조가 한눈에 들어오듯 말이죠.

　잘 만들어진 매핑은 구성원들이 정보를 선택하고 의사결정을 통해 행동으로 옮길 때, 중요도와 우선순위가 통일돼 조직 내 모든 정책에 일관성과 응집력을 가져옵니다. 매핑에 관한 유명한 사례가 있습니다. 아마존의 제프 베조스가 만든 '플라이휠fly wheel'입니다. 당시 스탠포드대학 교수였던 짐 콜린스에게 자문을 받던 중 그는 플라이휠에 대한 설명을 듣습니다. 플라이휠은 기업연구가로 유명한 짐 콜린스 교수가 개발한 개념으로, 크고 무거운 금속

아마존의 플라이휠

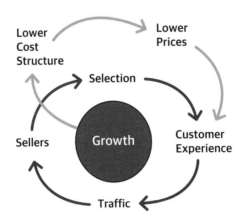

원판을 계속 돌리다 보면 어느 순간 돌아가는 속도가 빨라지고 엔진이 힘을 덜 쓰게 되는데, 축적된 성과가 기업에 내재화하면서 성장동력이 되는 모습을 플라이휠에 비유한 것입니다. 당시 제프 베조스는 즉석에서 아마존의 플라이휠을 그렸고, 오늘날 아마존 성장의 핵심 원동력이 됐습니다.

아마존의 플라이휠을 보면 이것이 바로 비즈니스 매핑임을 알 수 있습니다. 이 맵은 사업과 관련된 중요한 요소들을 모아 서로의 관계성을 알 수 있게 합니다. 그럼으로써 성장Growth이라는 회사의 목적을 달성하는 길을 명확히 보여주죠. 위 맵을 설명하자면 이렇습니다. 먼저 성장Growth을 하려면 선택Selet할 상품이 많아야 합니다. 상품의 종류가 많으면 많을수록 사용자 경험Customer

Experience은 커지겠죠. 사용자 경험이 커질수록 거래횟수traffic도 증가하고 거래횟수가 증가함에 따라 판매자Seller도 늘어나게 됩니다. 판매자 수가 늘어나면 상품 종류는 더 많아져 소비자 경험은 더욱 커집니다. 이 순환 고리가 성장의 기본 동력이 되는 것이죠. 성장이 지속되면 저비용을 실현하는 구조Lower Cost Structure가 가능해집니다. 규모의 경제를 이룰 수 있기 때문입니다. 저비용 구조를 구축할수록 더욱 저렴한 판매가격Lower Price을 만들 수 있고, 이는 고객에게 더 강력한 고객 경험Customer Experience을 가져옴으로써 성장을 촉진시킬 수 있습니다. 이것이 두 번째 순환 고리입니다. 이 두 개의 선순환 고리는 서로 영향을 주고받으며 강력한 성장 엔진이 됩니다.

이런 사업의 핵심 요소 간 관계를 시각화한 것이 플라이휠입니다. 실제로 제프 베조스는 이 플라이휠을 근간으로 폭발적인 성장을 이루었습니다. 만약 이 플라이휠을 제프 베조스 혼자만 알고 있었다면 오늘날의 아마존은 존재하지 않았을 겁니다. 베조스는 이 플라이휠을 직원과 공유를 넘어 아예 모두에게 각인시켰습니다. 회사의 모든 미팅룸마다 이 플라이휠을 붙여놨죠. 그리고 직원들에게 항상 이 플라이휠을 기억하도록 독려했습니다. 회사의 목표와 나아갈 방향을 시각화해 직원들과 강력히 공유했던 것입니다. 그 결과 직원들은 현재 자기가 하는 일이 어떤 부분에 기여하는지 알 수 있었을 뿐 아니라, 회사 전체의 방향에 도움이 되도록 스스로 움직일 수 있었습니다. '나뿐만 아니라 다른 직원들도 자신이 무슨 일을 하고 있는지 알고 있다.' 이를 서로가 인식하자 조직의 상호 신뢰도도 높아졌습니다.

이렇게 회사 전체의 방향을 매핑해 공유하면 부처 이기주의가 사라집니다. 오히려 플라이휠을 강력히 돌리기 위해 타 부서의 직원들이 아이디어를 적극적으로 내기도 합니다. 실제로 지금의 아마존이 있기까지 고객 기반을 넓히는 데 결정적인 역할을 한 무료배송 서비스는 마케팅 부서가 아니라 한 소프트웨어 엔지니어의 머리에서 나온 아이디어였습니다. 고객에게 새로운 경험을 줄수록 거래횟수가 많아지고 판매자도 늘어나 제품 종류가 많아지니 회사가 성장한다는 구조가 그의 머릿속에 각인돼 있었기 때문입니다. 만일 그에게 이런 지도가 없었다면 그저 프로그램 개발에만 매달렸을 것입니다. 일한 만큼 월급만 받으면 된나고 생각했을 테니까요.

최근 세계적으로 '디자인 싱킹design thinking'을 활용하는 기업들이 많습니다. 디자인 싱킹은 눈에 보이지 않은 것을 가시화하고, 실체화해 창의적으로 문제를 해결하는 프로세스인데요. 〈깊이 공감하기Empathy → 문제 정의하기Define → 다양한 아이디어Ideate → 프로토타입Prototype → 현장 테스트Test〉 과정을 반복하면서 혁신적인 제품을 개발해가는 과정입니다. 이 과정에서 마인드 맵mind map, 공감 지도Empathy map, 고객여정지도Customer Journey Map 등 다양한 시각적 도구를 통해 보이지 않던 것을 보이게 하는 작업을 진행합니다. 역시 매핑능력이 있는 사람이 있을 때 디자인 싱킹을 더 효과적으로 진행할 수 있습니다.

스크럼을 짤 때 매핑능력을 보유한 사람이 있으면 훨씬 창조적이고 효율적이며 단단한 조직이 됩니다. 뛰어난 개별 역량을 가진 모든 구성원이 회사나 팀의 목표를 완전히 이해하고 전략을 공유하면서 자신의 역할을 창의적이고 충실히 이행할 수 있는 여건을 마련한다면 그 조직의 성공 가능성은 크게 높아집니다.

이미 시작된 연결된 사회는 장점만이 존재하는 건 아닙니다. 더 많이 연결됨으로써 예기치 못한 갈등이나 사건 사고도 일어날 가능성이 높습니다. 새 시대는 늘 새 문제를 만들어내죠. 이런 이유로 최근 스타트업들은 수직적·폐쇄적 조직보다 수평적·개방적 조직을 추구합니다. 이때 중요한 것이 투명성입니다. 구성원 모두가 회사나 팀의 상황을 꿰뚫어 볼 수 있게 하는 것이죠. 투명할수록 수평적이 되고 민첩하게 예상 못한 문제에 대처할 수 있습니다.

회사의 투명성을 가장 쉽게 확보할 수 있는 방법이 바로 구성원들이 전체 그림을 볼 수 있도록 시각화하고 공유하고 피드백을 주고받는 것입니다. 우리가 지금 어디에 있는지, 우리가 지금 어디로 가고 있는지, 우리가 지금 제대로 가고 있는지를 모두가 인식할 때 강력한 수평적 조직의 힘이 나타납니다.

스크럼이 답이다

지금까지 창직을 위해 함께할 사람들을 센싱^{sensing}, 커넥팅^{connecting}, 리믹싱^{remixing}, 유니팅^{uniting}, 매핑^{mapping} 능력의 관점에서 설명했습니다. 이 5가지 능력을 모두 갖춘 팀이 성공적인 창직을 위한 가장 이상적인 모델이라 할 수 있습니다. 갈수록 촘촘히 연결되는 시장은 점점 유기체처럼 계속 변하기에 이에 맞춰 조직 역시 카멜레온처럼 변화에 적응할 수 있어야 합니다. 이를 위해서 당연히 변화에 민감해야 하고 언제든지 관점을 바꿀 수 있어야 합니다. 서로 다른 영역의 기업과 협업을 통해 매번 바뀌는 고객의 욕구에 대응할 수 있는 기술적 통합 능력을 갖추고 있어야 하기 때문입니다.

이 5가지 능력을 갖춘 탁월한 사람들이 한 팀에 모일 때 창의적인 아이디어를 바탕으로 새로운 직업이나 직무를 발굴하고 지속가능성과 확장성이 큰 사업을 할 가능성이 높습니다. 물론 이 5가지 능력을 5명의 사람이 각각 하나씩 가지고 있어야 하는 건 아닙니다. 한 사람이 2~3개 능력을 가진 경우도 있습니다. 중요한 것은 팀 내에 이 5가지 능력이 균형감 있게 존재해야 한다는 것입니다. 그래야 견고한 스크럼이 됩니다. 이 5가지 능력은 서로 상호보완 작용으로 강력한 시너지를 만듭니다.

센싱능력을 가진 구성원이 빠르게 변하는 시장의 속에서 나타날 걱정이나 욕망을 발견하면, 리믹싱능력을 가진 구성원이 시장 흐름에 맞게 기존 개념을 해체하고 재조합해 새로운 의미를 부여해 사업 아이디어를 만들어냅니다. 이 아이디어를 실현하기 위해 유니팅능력을 가진 구성원이 기술 융합을 통한 솔루션을 디자인합니다. 하지만 어떤 기술을 융합해야 할지 알아도 그 기술을 보유한 탄탄한 외부 기업을 찾아내 협업을 이끌어내는 것은 또 다른 문제입니다. 커넥팅능력을 가진 구성원이 이 간극을 메꿔줘야 합니다. 커넥팅능력은 유니팅을 원활하게 만들기 위해 필요한 능력이기도 합니다. 자체 기술과 다른 회사의 기술까지 융합하려면, 팀워크는 물론 타 기업과의 협업 정신이 중요하기 때문입니다. 일정 수준 이상의 솔루션 디자인이 완성되면, 이제 매핑능력을 가진 구성원은 해당 사업의 비전과 목적 그리고 실행 프로세스를 한눈에 볼 수 있도록 시각화함으로써 팀에 동기부여와 실행의 동력을 제공합니다. 이 실행을 통해 얻은 피드백으로 스크럼 조직은 다시 〈센싱 → 리믹싱 → 유니팅 → 커넥팅 → 매핑〉을 통해 계속 사업모델을 진화시켜 갑니다.

이 5가지 요소가 균형을 이루고 선순환 구조를 이루며 진화할 때 진정한 스크럼 조직이 탄생하는 것입니다. 물론 이 5가지 요소는 기업이 처한 환경에 따라 시작점도 다르고, 동시다발적으로 진행되기도 합니다.

스크럼의 진화 구조

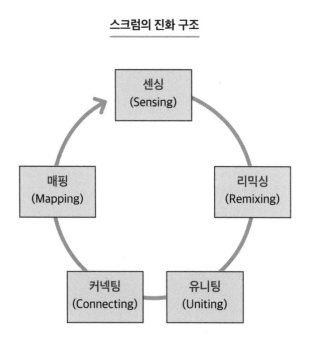

**THE POWER OF
SCRUM**

THE POWER OF
SCRUM

4부

어떻게 할 것인가

비정상이 정상인 시대

2020년에 한국경영자총협회가 전국 30인 이상 기업 212개 사를 대상으로 '2021년 기업 경영전망 조사'를 실시한 결과, 2021년 경영계획 초안조차 수립하지 못했다고 응답했던 기업이 무려 40퍼센트에 육박했습니다.[20]

통상 기업은 하반기부터 사업계획 준비에 들어가 11~12월 2개월에 걸쳐 내부에서 내년도 사업계획을 발표합니다. 하지만 지금과 같은 상황에서는 1년을 바라보고 짜는 사업계획서가 의미가 없어질 정도로 시장 상황이 급변하고 있습니다. 기업을 경영하는 데 커다란 변수로 작용할 사건과 사고가 끊임없이 발생하고 있다는 것이죠. 앞으로 연간 사업계획서 자체가 사라질지도 모릅니다.

실제로 지난 20여 년간 국내외적으로 과거에는 겪지 못했던 충격이 정치, 경제, 기술, 사회, 환경 분야에서 전 세계를 강타했습니다. 그 사건과 사고를 나열하면 다음과 같습니다.

2000년 3월부터 2002년 10월까지 미국 나스닥 시장을 무려 80퍼센트 가까이 폭락시킨 닷컴버블 붕괴. 미국의 심장 뉴욕에서 2,996명의 사망자와 6,000명 이상의 부상자를 내며 세계 시장을 초토화시켰던 2001년 9.11 테러. 전 세계 금융권을 강타했던 2008년 미국발 금융위기. 남유럽 국가들의 연쇄부도 위기로 세상을 떠들썩하게 만들었던 2010년 유럽 재정위기. 1,368명의 사망자를 내고 전 세계를 방사능 공포로 몰아넣은 2011년 일본의 후쿠시마 원전 대폭발. 미국과 러시아를 다시 신냉전 체제로 만든 2014년 러시아의 크림반도 합병. 304명의 꽃다운 청춘의 목숨을 앗아간 2014년 세월호 침몰 사건. 유럽 국가를 극도의 공포로 몰아넣었던 2016년 IS 연쇄 테러 사건. 유럽의 체계를 뿌리째 뒤흔든 영국의 브렉시트 결정. 한국 내 싸드THAAD 배치로 심각한 경제 타격을 입힌 2016년 중국의 한한령. 전혀 예상치 못했던 트럼프 미 대통령 선거 당선. 대통령 탄핵이라는 초유의 일을 이끈 한국의 촛불혁명. 2021년 바이든 정부의 '반중反中연대'로 불리는 쿼드Quad(미국, 일본, 인도, 호주 안보협의체) 강화. 2022년 러시아의 우크라이나 침공으로 인한 유럽의 군사적 긴장감 고조와 전 세계적 물가 폭등…….

사람들을 혼란스럽게 만드는 세상의 급변은 정치, 경제, 문화 등에만 국한되지 않았습니다. 질병과 환경 문제도 불확실성은 극에 달했습니다.

　　2020년에는 세계보건기구(WHO)가 역사상 유례없는 '코로나19 팬데믹'을 선언했고 전 세계가 국경을 닫으며 동시다발적 충격을 받았습니다. 기후변화도 심각해 그 서늘하던 6월 캐나다 날씨가 49.5도를 기록하더니 7월 미국 캘리포니아주 데스밸리 지역은 기온이 무려 56.7도까지 치솟았습니다. 유럽에서는 '1000년 만의 대홍수'라 불리는 폭우가 밀어닥쳤고, 러시아 모스크바는 7월 평균 기온 24도를 무려 10도 이상 웃돈 34.8도를 기록했으며 시베리아 북극권은 최고 38도로 펄펄 끓었습니다. 중국 정저우 역시 '1000년 만의 폭우'라 불리는 집중호우가 수많은 생명을 앗아갔습니다. 기상 관측 역사상 한 번도 관측되지 않은 수준의 폭우였다고 합니다. 정저우의 연평균 강수량에 해당하는 비가 단 3일 동안 한꺼번에 쏟아져 내린 것입니다.

　　지구촌 사람들 사이의 일들도, 생태계도, 기후도 이전에는 비정상적이거나 아예 불가능하다고 여겼던 상황들이 실제로 일어나 버린 것입니다.

기하급수적 변화의 시대

이처럼 지난 20여 년을 살펴보면 시간이 흐를수록 예기치 못한 사건과 사고의 발생 빈도가 잦아지고 그 충격파도 점점 커지고 있음을 알 수 있습니다. 흔히 예상치 못한 일이 자주 발생해 개인이나 기업이 의사결정 자체를 하기 힘든 상황을 불확실성uncertainty이 크다고 이야기 합니다. 특히 구성요소가 증가하고 구성요소 간 상호작용이 늘어날수록 변화의 속도는 기하급수적으로 커지면서 엄청난 위력을 발휘합니다.

사실 기하급수의 위력을 처음 언급한 사람은 《인구론》을 저술한 토머스 맬서스입니다. 그는 식량은 산술급수적으로 느는데 인구는 기하급수적으로 증가한다고 주장했습니다. 25년마다 인구가 2배 늘면 2세기 뒤 인구와 식량비율은 '256 대 9'가 되고, 3세기 뒤에는 '4,096 대 13'이 될 것이라고 경고했습니다. 물론 출산율 저하로 이런 파멸은 일어나지 않았습니다.

인류 문명 발달과정을 봐도 기하급수적 변화가 어떤 영향을 미쳤는지 잘 알 수 있습니다. 과거 농경시대는 6,000년 동안 이어졌습니다. 아마 농경시대 사람들은 그 시대가 영원하리라 생각했겠죠. 그런데 1700년대 증기기관과 방적기가 발명되면서 농경사회가 산업과 도시로 전환되며 산업화 시대(1차산업혁명)가 새롭게 열렸습니다. 연이어 철강, 석유 및 전기 분야와 같은 산업과 모터, 전화, 전구, 축음기 및 내연기관 기술이 급격히 발달했습니다(2차산업혁명). 거대하고 혁명적인 변화였습니다. 하지만 1970년대 개인용 컴퓨터, 인터넷 및 정보통신기술이 등장하면서 산업화 시대는 200년 만에 끝을 맺습니다. 그리고 소위 정보화 시대(3차산업혁명)가 새롭게 열립니다. 홈페이지와 이메일이라는 것이 등장하고 인터넷을 통한 정보검색이 일상에 자리잡기 시작합니다. 이전까지와는 완전히 다른 세상이 펼쳐졌다면서 IT산업이 거대한 거품을 몰고 오기까지 했습니다. 그런데 2016년 이세돌 9단을 꺾은 인공지능 기술이 등장하면서 정보화 시대 50년이 끝나고 새로운 시대가 열렸습니다. 지금은 로봇공학, 인공지능, 나노 기술, 양자 프로그래밍, 생명공학, 사물인터넷, 3D 프린팅 및 자율주행 등 혁신적인 디지털 기술이 발달하는 후기정보시대 즉, 4차산업혁명

시대에 접어들었습니다. 바로 지금이죠.

하지만 4차산업혁명 시대도 2030년 이후가 되면 초연결시대로 접어듭니다. 불과 10여 년 전후로 지금과는 또 완전히 다른 세상이 펼쳐집니다. 20년 만에 4차산업혁명 시대가 끝날 가능성이 크다는 뜻입니다.

농경시대 6000년, 산업화 시대 200년, 정보화 시대 50년, 후기 정보화 시대 20년. 점점 인류 문명의 변화의 속도가 기하급수적으로 빨라지고 있습니다. 시간과 공간이 압축되고 인간과 사물 사이가 서로 이어지면서 끊임없이 새로운 변화와 질서를 만들어내고 있습니다. 인터넷을 통해 세상이 연결되는 속도가 기하급수적으로 빠르기 때문입니다. 1990년대 인터넷 사용인구는 3억 5,000만 명이었습니다. 그런데 2010년에는 20억 명, 2014년에는 30억 명으로 기하급수적으로 늘었습니다. 2023년에는 57억 명, 2030년경에는 전 세계 79억 명의 인구가 인터넷으로 연결될 것으로 예상됩니다.

전 세계를 패닉에 빠뜨렸던 코로나19 역시 이런 기하급수적 변화 양상을 보였습니다. 처음에는 천천히 증가하다가 어느 순간 폭발적으로 증가하는 패턴을 따랐죠. 2019년 12월 중국에서 첫 코로나19 확진자가 발생한 후 누적확진자는 2020년 4월 1일 100만 명을 돌파할 때까지는 서서히 늘었습니다. 하지만 그 이후 확진자 증가속도는 급격히 늘며 5월 17일 500만 명을 넘기더니 약

한 달 후인 6월 25일엔 1,000만 명을 넘어섭니다. 이후 속도는 더욱 상승하여 2개월도 채 되지 않은 8월 7일 2,000만 명 돌파, 9월 14일 3,000만 명, 10월 16일 4,000만 명 등 약 한 달 간격으로 1,000만 명씩 증가합니다. 급기야 11월 9일 5,000만 명을 넘긴 뒤에는 15일 안팎의 간격으로 1,000만 명씩 증가하다 2021년 2월 26일에 전 세계 누적확진자가 총 1억 명을 돌파했습니다. 확진자 수(구성요소)가 늘어나고 확진자들이 돌아다니며 여러 사람과 만나면서(상호작용) 기하급수적인 변화를 가져온 것입니다.

이처럼 기하급수적 변화를 통해 완전히 다른 세상이 펼쳐지는 것을 물리학의 복잡계에서는 '거시적 창발 질서'라고 말합니다. 학술적으로 말하면 '열린 시스템을 구성하는 하부 구성요소들이 특정한 조건에서 긴밀한 상호작용을 통해 만들어내는 시너지 효과'입니다.[21] 여기서 열린 시스템은 지금처럼 점점 모든 것이 연결돼 개방되는 세상을 말합니다. 연결되면 연결될수록 그 속에 존재하는 모든 사물과 사람들이 특정한 상황에서 긴밀히 상호작용을 할 때 급격한 변화를 만들며 새로운 질서를 창조합니다. 즉, 기하급수적 변화는 단순히 불확실성과 혼돈만을 만들어내는 것이 아니라 새로운 질서의 근원이 됩니다. 새로운 질서가 창직자에게 유리한 상황인지 불리한 상황인지의 문제만 남게 됩니다.

기하급수적 변화의 의미

앞으로 적어도 10년 이상은 기하급수적 변화가 끊임없이 펼쳐지면서 기존 질서가 무너지고 새로운 질서가 만들어지기를 반복할 것입니다. 특히 창직을 위해서는 기하급수적 변화의 의미를 보다 깊이 이해할 필요가 있습니다.

먼저 기하급수적 변화의 시대에는 과거의 성공방식(지식, 노하우, 접근방법)이 더 이상 유효하지 않습니다. 당연하지요. 빠르게 바뀌는 시장에서 기존 방식을 고집하다가는 뒤처지기 십상입니다. 항상 변화하고 적응할 준비가 되어 있어야 합니다.

기하급수적 변화는 창직자에게 커다란 기회를 가져오기도 합니다. 말 그대로 '기하급수적 성장'이 가능하기 때문입니다. 아무리 규모가 작은 공간에서 창업을 한다 하더라도 얼마든지 급격한 성장이 가능하다는 뜻입니다. 실리콘밸리의 혁신 기업들은 대부분 허름한 창고에서 시작했습니다. 용기를 잃을 필요가 없습니다. 대신 기하급수적 성장을 소화할 수 있도록 스스로 역량을 지속적으로 향상시켜 가야 합니다. 준비가 안 된 상태에서 급격한 매출 증가는 오히려 시스템의 과부하를 초래해 스스로 무너질 수 있습니다.

작은 연결(상호작용)이 누적(학습)된 후 거대한 변화가 나타납니다. 즉, 처음에는 성과가 나지 않더라도 지속적으로 관계 맺고 반복하며 학습하게 되면 어느 순간 갑자기 급격한 성장을 이룰 수 있다는 뜻입니다. 때문에 방향만 제대로 잡는다면, 처음에 장애에 부딪히더라도 인내심을 가지고 꿋꿋히 버티는 것이 그 무엇보다 중요합니다. 학교에 다닐 때 성적도 마찬가지입니다. 옳은 방법으로 인내심을 가지고 반복 학습하면 성적은 급격히 오르기 마련입니다. 공부를 포기하는 이유는 부모님이나 학생들 모두 급격히 성적이 오르기 전까지를 버텨내지 못하기 때문입니다.

한 번 뒤처지면 따라잡기 힘듭니다. 앞에서 기하급수 변화는 작은 연결이 누적된 이후에만 나타난다고 했는데요. 축적이라는 절대적인 시간이 필요합니다. 따라서 기하급수적 변화의 시대에는 시장을 선점하지 않으면 따라잡기 힘듭니다. 반대로 선점을 해 기하급수적 변화를 이뤄내면 경쟁자들을 따돌리고 독점적인 지위에 설 수 있습니다. 승자가 모든 것을 차지할 수 있습니다.

마지막으로 소수의 80퍼센트를 연결하면 거대한 변화를 만들 수 있습니다. '파레토의 법칙'이라는 것이 있습니다. 한 나라 인구의 20퍼센트가 그 나라의 전체 부의 80퍼센트를 가지고 있다거나, 20퍼센트의 범죄자가 전체 범죄의 80퍼센트를 저지른다든가, 20퍼센트의 운전자가 전체 교통위반의 80퍼센트를 차지한다 등의 예시를 설명할 때 씁니다. 소위 전체의 20퍼센트가 대부분의 영역에서 막대한 영향을 행사한다는 뜻입니다. 이런 이유로 기업은 20퍼센트에만 집중합니다. 백화점은 상위 20퍼센트의 고객에 집중하고, 제조사는 제품의 20퍼센트에 화력을 집중합니다. 하위 80퍼센트보다는 상위 20퍼센트에 집중하는 편이 더 기업에 이익이 된다고 생각합니다. 하지만 기하급수 변화의 시대에는 상위 20퍼센트가 아닌 하위 80퍼센트에서 거대한 부가 만들어집니다. 이것이 바로 '롱테일 법칙'입니다. 디지털로 촘촘하게 연결되고 서로 상호작용을 주고받는 사회에서는 복제 및 사용자들의 참여로 끊임없이 대안이 만들어지고 공급 또한 무제한이 됩니다. 위키피디아는 브리태니커에 비해 100배 많은 주제를, 구글은 도서관과는 비교 불가능한 규모의 페이지를, 아마존은 오프라인 매장에 비해 수백 배의 상품을 제공합니다. 사용자 한 명이 증가했다고 해서 비용이 증가하지도 않는 '한계비용 제로'의 시대이기도 합니다.

이는 하위 80퍼센트의 작은 기업들이라도 서로 힘을 모을 수 있다면, 거대한 변화를 만들어낼 수 있음을 의미합니다. 대기업이 세상을 움직이는 시대가 아니라, 작지만 강한 다수의 기업들이 힘을 합하면 세상을 바꾸는 혁신을 이뤄낼 수 있습니다. 혼자서는 할 수 없습니다. 함께 할 동료나 팀이나 회사와 스크럼을 짜야 합니다. 협업과 집단지성이 강조되는 이유입니다.

1단계:
수용하라, 미래와 부의 변화를

창직을 통해 세상에 기여하며 기쁘고 행복한 삶을 살기 위해서는 다음의 4단계 준비가 필요합니다. 수용하고, 이해하고, 만들고, 참여하는 것입니다.

먼저 1단계를 살펴보겠습니다. 수용한다는 것은 무엇을 의미할까요? "신기한 역설은 내가 나 자신을 있는 그대로 수용할 때, 내가 변화할 수 있다는 것이다." 미국의 심리학자 칼 로저스Carl Rogers의 말입니다. 결국 수용은 있는 그대로 받아들이는 것입니다. 말은 쉽지만 실천은 절대 쉽지 않습니다. 그대로 받아들이려면 자신도 모르게 쌓아올린 믿음과 가치관을 완전히 깨뜨린 상태를 유지해야 하기 때문입니다.

4단계 창직 준비

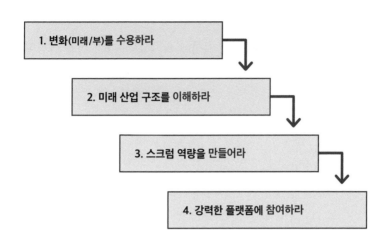

1. 변화(미래/부)를 수용하라

2. 미래 산업 구조를 이해하라

3. 스크럼 역량을 만들어라

4. 강력한 플랫폼에 참여하라

미국 워싱턴 D.C 동물원에 '모히니'라 불리는 백호가 있었습니다. 거기 있는 동안 모히니는 쇠창살과 시멘트 바닥으로 이루어진 가로세로 4미터의 전형적인 오래된 우리에서 살았습니다. 모히니는 비좁은 우리에서 가만있지 못하고 앞뒤로 왔다갔다하며 시간을 보냈습니다. 결국 생물학자들과 직원들은 모히니를 위해 새로운 보금자리를 만들기로 결정합니다. 수천 평방미터에 걸쳐 언덕, 나무, 연못과 여러 가지 초목들을 조성했습니다. 사람들은 흥분과 기대에 차 모히니를 새롭고 넓은 환경에 풀어놓았습니다. 그러나 호랑이는 즉각 우리 안의 구석에서 은신처를 만들었고, 거기서 나머지 생을 살았습니다. 모히니는 그 구석에서 4미터 영역의 잔디가 다 벗겨질 때까지 왔다갔다했습니다.[22]

타라 브랙의 《받아들임》에서 인용한 이야기입니다. 환경이 완전히 바뀌어 얼마든지 자유롭고 행복한 생활을 할 수 있었음에도 그 호랑이는 과거의 관습과 타성에 빠져 그저 그런 삶을 마감했습니다. 물론 애초에 호랑이를 좁은 우리에 가둔 인간의 잘못이 크겠죠.

그런데 인간이라고 다를까요? 만약 우리가 기존의 믿음과 가치관에서 자유로울 수만 있다면, 과거보다 훨씬 크고 행복한 세상을 마주할 수 있을지 모릅니다. 타라 브랙은 "모든 것을 절대적으로 수용한다는 것은, 어느 순간이든 우리 몸과 마음 안에서 일어나고 있는 것을 통제하거나 판단하거나 회피하지 않고 의식한다는 의미"라고 주장합니다. 어떤 것을 판단하고, 통제하고, 유불리를 따지며 회피하고 선택하는 행위는 훌륭한 이성적 행동으로 비쳐집니다. 하지만 이 모든 것은 우리의 믿음과 가치관에 기반한 행위입니다. 그 믿음과 가치관에서 벗어나면 거부하거나 아예 그 변화를 눈치조차 챌 수 없습니다. 있는 그대로 보는 것, 아기의 눈으로 보는 것. 이것이 바로 수용하는 것입니다.

이제 '미래를 보는 관점'과 '부wealth를 만드는 방식'이 바뀌었습니다. 이런 변화에 적응해야 한다는 걸 스스로 '수용'하는 것이 여러분이 먼저 해야 할 일입니다. 일체의 고정관념을 벗어던지고 받아들일 준비가 돼야 단순한 이해로 끝나지 않고 실제 자신을 변화시킬 수 있는 힘을 얻게 됩니다.

예언가인가, 예측가인가

그럼 미래를 보는 관점에 대해 이야기해 볼까요. 자, 먼저 지금부터 잠시 눈을 감고 앞으로 5년 후를 상상해 봅시다. 여러분의 나이에 5를 더하고, 여러분의 부모님, 가족 그리고 친구나 동료들의 나이에도 5를 더해 보세요. 그리고 아래 3가지 질문에 대답해 보시기 바랍니다.

첫째, 5년 후에 어떤 상황(이미지)이 떠오릅니까?

둘째, 그 상황(이미지)에 대한 생각이 여러분에게 어떤 기분을 느끼게 하나요?

셋째, 상상한 미래대로 될 확률은 몇 퍼센트 정도 될 것 같나요?

답변이 끝났다면 지금부터 또 다른 질문 3가지를 던져보겠습니다.

첫째, 5년 후 여러분의 모습을 상상했을 때 한 가지 미래만 떠올랐나요, 아니면 여러 가지 미래가 떠올랐나요?

둘째, 그 미래가 긍정적인 기분을 느끼게 했나요, 아니면 부정적 기분을 느끼게 했나요?

셋째, 상상한 미래가 70퍼센트 이상 실현될 것으로 생각했나요, 아니면 50퍼센트 미만이 될 것으로 생각했나요?

만약 여러분이 위 3가지 질문에서 한 가지 미래만 떠올렸고, 그 미래가 긍정적이거나 부정적으로 느꼈으며, 상상한 미래가 70퍼센트 이상의 가능성을 가지고 있다고 답변했다면, 여러분의 미래에 대한 관점은 기본적으로 '예언'이라 할 수 있습니다. 적어도 두 가지 질문 이상에서 이런 답변을 하면 여러분은 미래를 예언처럼 여기고 있는 것입니다.

예언의 전형적인 특징은 한 가지 미래에 대해서만 언급하고, 그 미래가 보통은 공포 또는 환상을 가져다주며, 절대로 바뀌지 않는다는 것입니다. 노스트라다무스는 지구 종말을 예언했습니다. 한 가지 미래에 대해 공포스러운 미래를 그렸고 바꾸지 않았습니다. 2010년 미래에서 왔다고 주장한 존 티토라는 예언가는 대한

민국이 2036년 거대한 제국으로 바뀐다는 '예언'을 했습니다. 통일한국에서 일본은 한국의 식민지가 되고 중국 영토의 상당 부분이 대한민국의 영토가 된다고 말이죠. 가슴이 웅장해지고 환상적인 기분이 듭니다. 존 티토 역시 그가 예언한 미래가 절대 바뀌지 않고 확실하게 다가올 것이라 말합니다.

하지만 불확실성이 난무하고 기하급수적 변화의 시대에 미래를 '예언'처럼 여긴다면 커다란 실수를 저지를 수 있습니다. 자고 나면 바뀌는 세상에서 한 가지 미래를 공포 또는 환상으로 여기며 절대로 바꿀 생각이 없다면 가로세로 4미터 우리 속의 호랑이와 다를 바 없습니다. 문제는 상당수의 기업들, 특히 중소기업일수록 미래를 '예언'처럼 여긴다는 것입니다. 사업계획서를 보면 알 수 있습니다. 사업계획서는 기업의 다음해 미래를 그려놓은 것입니다. 예를 들어 만약 사업계획서상 나타난 내년 기업의 미래상이 한 가지뿐이고, 매출이 긍정적이거나 부정적으로 명기되거나, 대표이사의 사인만 받은 후 사업계획서가 서랍 속으로 처박혀 나오지 않는다면 그 회사는 미래를 '예언'으로 보고 있다는 증거입니다.

반면 처음 3가지 질문에 대해 하나가 아닌 여러 가지 미래가 떠올랐고, 그 미래가 공포와 환상이 아닌 위기와 기회가 동시에 있다는 생각을 했으며, 그 미래가 70퍼센트 이상의 확률로 확실할 것이라기보다는 50퍼센트대의 확률로 언제든지 바뀔 수 있다고 생각했다면? 여러분은 미래를 '예측'의 관점으로 바라보고 있는 것입니다.

미래를 '예측'의 관점으로 바라볼 때 여러분은 '시나리오 사고'를 하게 됩니다. 하나가 아닌 여러 가지 가능성의 미래로 보고, 각각의 미래에 대해 어떤 위기와 기회가 있는지를 살핍니다. 그리고 현재 시점에서 어떤 미래로 가는지를 끊임없이 관찰하면서 해당 미래로 갈 신호를 포착합니다. 특정 가능성의 미래로 갈 확률이 높아진다고 생각되면 그에 맞는 전략과 전술을 이행할 수 있도록 스스로를 또는 조직을 기민하게 바꾸며 적용합니다. 불확실성과 기하급수적 변화의 시대에 미래를 예측적 관점으로 봐야 하는 이유가 바로 여기에 있습니다.

물론 이렇게 생각하는 분들도 계시겠죠. '흥, 저자가 몰라서 그렇지 내 분야는 그렇게 빠르게 바뀌지 않아. 기존 틀에서 해도 충분해'라고요. 하지만 그럴 가능성보다는 그렇지 않을 가능성이 훨씬 큽니다. 그래서 자신의 관념과 가치관을 내려놓고 어린아이의 눈을 통해 받아들이고 수용하는 것이 중요합니다.

앞으로 세상에서 바뀌지 않는 유일한 것이 있다면 바로 '세상은 항상 바뀐다'라는 사실입니다. 따라서 현재 내가 하고 있는 일이 안정적이고 큰 변화가 없다면 '정상'이 아닙니다. 세상은 변하고 있는데 자신의 우리 안에 갇혀 있을 가능성이 큽니다. 항상 관찰하고 예측하고 대응하고 또다시 관찰, 예측, 대응이라는 사이클을 반복해야 합니다. 미래를 예측적으로 바라본다는 것은 기존 나의 방식이 틀릴 수도 있음을 인정하고, 항상 신경을 곤두세우고 즉각적으로 실행하고 바꿔야 할 일들이 많아지게 됨을 뜻합니다. 어떤가요? 이런 일들이 한마디로 피곤한가요? 하지만 이런 접근만이 기하급수적 변화의 시대에 생존하고 기회를 잡을 수 있는 길임을 깊이 깨닫고 수용해야 합니다. 그래야 바뀔 수 있습니다.

부의 원천이 바뀌고 있다

부wealth를 만드는 법도 크게 달라지고 있습니다. 과거에는 돈을 벌려면 제품의 성능과 디자인 그리고 가격이 중요했습니다. 모든 기업이 시장에서 고객을 분석하고 고객이 원하는 제품을 가장 우수하고, 아름답고, 저렴한 가격에 공급할 수 있도록 초점을 맞췄지요. 고급 인력을 채용하고 생산 설비에 대규모 투자를 통한 규모의 경제를 이루었고, 엄청난 예산을 투입해 광고와 홍보를 통해 브랜드 가치를 높여 고객의 눈길을 사로잡았습니다. 처음부터 대규모 자금을 가진 기업과 자금이 없는 기업 사이에 격차가 클 수밖에 없었습니다.

하지만 지금은 달라졌습니다. 2005년 4월 서비스를 시작한 글로벌 동영상 스트리밍 사이트 유튜브의 초기 창업자금은 불과 1,150달러(약 140만 원)였습니다. 그런데 창업 18개월 만인 2006년 10월 구글은 유튜브를 무려 16억 5,000만 달러(약 2조 원)에 인수했습니다. 소셜커머스 기업 그루폰은 사업 구상부터 시가총액 60억 달러(약 7조 원)의 회사가 되기까지 불과 2년도 채 걸리지 않았습니다. 이뿐만이 아닙니다. 우버와 왓츠앱, 스냅챗, 오큘러스 등의 기업들이 창업 2년을 전후로 시가총액 10억 달러를 넘겼습니다. 이전까지 전형적인 '포춘 500대 기업'이 시가총액 10억 달러가 되기까지는 평균 20년쯤 걸린 것을 감안하면 이들 기업의 성장 속도는 놀랍습니다.[23]

왜 이런 현상이 벌어지고 있는 걸까요? 부의 원천이 바뀌고 있기 때문입니다. 과거 부의 원천이 '제품(서비스)'이었다면 지금의 부의 원천은 '연결'입니다. 연결이 산술급수적 성장을 기하급수적 성장으로 바꾼 것입니다. 물론 제품의 중요성이 사라지지는 않았습니다. 뛰어난 성능과 디자인 그리고 경쟁력 있는 가격은 이제 기본값입니다. 차별화 요소가 더는 아니라는 뜻입니다. 아무리 제품이 우수해도 그 제품이 연결성이 없다면 과거처럼 부를 만들어내기 힘들어졌습니다.

여기서 중요하게 등장하는 개념이 매개medium입니다. 매개는 중간에서 서로를 이어주는 역할을 합니다. 연결을 위해 필요한 것이 바로 매개입니다. 그래서 관계를 만드는 매개체를 우리는 미디어^{media}라고 부릅니다. 책은 미디어입니다. 이 책을 통해 나와 독자가 연결되기 때문입니다. 매개는 무엇과 연결되느냐에 따라 그 성격이 달라집니다. 같은 공이라 하더라도 선수들의 발과 골대 사이를 연결하면 축구공이 되고, 공이 손과 림^{rim} 사이를 연결하면 농구공이 되며, 공이 발과 손 사이를 연결하면 발야구 공이 되듯 말입니다.

네트워크는 매개와 연결의 집합체입니다. 연결이 많아지면 많아질수록, 그 연결을 매개하는 매개체가 크면 클수록 서로 얽히고설키면서 거대한 네트워크가 만들어집니다. 이 네트워크에서 거대한 부가 창출됩니다.

개별 네트워크 조합이 만들어낸
BTS

BTS(방탄소년단)의 성공과 세계적 문화 영향력에 대해서 긴 설명이 필요할까요. 2022년에만 해도 '빌보드 뮤직 어워즈' 3관왕을 차지하며 6년 연속 수상 기록을 세웠고 '2022 카타르 월드컵' 개막식에서는 BTS 정국이 화려한 퍼포먼스로 무대를 빛냈죠.

경영학적 관점에서 BTS는 매개와 연결이 만들어낸 네트워크가 만든 거대한 부 창출의 대표적 산물이기도 합니다. 그들의 소속사인 빅히트(하이브)는 2005년 이름도 모를 만큼 작은 회사로 출발했습니다. 팀도 BTS 딱 하나였죠. 하지만 시작부터 BTS는 달랐습니다. 그들 모두가 이미 데뷔 전부터 많은 팬들과 연결(소통)하던 인재들이었습니다. 보통 다른 대형 기획사들은 공개 오디션을 통해 연습생들을 뽑은 후 2~3년간 폐쇄적 공간에서 집중적인 훈련을 시킨 후 아이돌을 무대에 올립니다. 반면 BTS는 데뷔 전부터 이미 탁월한 재능을 바탕으로 자신들의 팬들과 활발한 연결(소통)을 하고 있었습니다.

RM은 입사하기 전까지 꾸준히 직접 작사한 랩을 힙합 커뮤니티 사이트에 올리며 활동을 했었습니다. 언더그라운드에서 '런치란다'라는 이름으로 유명했죠. 슈가는 초등학교 때부터 실력을 갈고닦아 대구에서 유명한 프로듀서로 이름을 날리고 있었습니다. 제이홉은 광주에서 '춤! 하면 정호석(본명)'을 떠올릴 정도로 유명한 춤꾼이었고, 지민은 부산예고를 수석으로 졸업하며 역시 부산에서 무용으로 끝내주는 유명인사였습니다. 정국은 춤과 노래, 랩까지 모든 것이 가능한 전천후로 부산에서 유명했습니다. 슈퍼스타K 오디션에 갔다가 무려 7개의 명함을 받았을 정도의 인재입니다. 진은 200 대 1이라는 건대 연극영화과 경쟁을 뚫은 인재 중인재로 그가 학생일 때 SM은 그를 캐스팅하기도 했습니다. 이들모두가 탁월한 재능을 바탕으로 이미 본인이 연결의 한쪽 축이었고, 랩이나 춤을 매개로 팬들과 연결된 상태였습니다. 이미 그들은 스스로가 네트워크의 한 축이었던 셈이죠.

그런 이들이 방시혁 PD의 빅히트라는 기획사로 모입니다. 개별적인 네트워크가 빅히트라는 매개를 통해 또다시 연결되고 확장합니다. 그러자 폭발적인 시너지가 발생하죠. 개별 팬덤이 모여 대형 팬덤을 형성하고, 그 팬덤은 블랙홀처럼 전 세계 팬들을 흡수(연결)하며 아미ARMY라는 슈퍼 팬덤을 만들어냈습니다. 이제는 BTS가 거대 네트워크의 한 축을 담당하고, 아미가 다른 한 축을 담당하는 가운데 하이브(빅히트)가 이 거대 네트워크의 매개 역할을 하며 글로벌 네트워크를 만들고 있습니다. 하이브(빅히트)는 거대 네트워크의 매개 역할을 통해 기하급수적 성장을 이뤄냈고 시가총액 10조 원을 넘나들며 세계적인 기업으로 성장하고 있습니다. 매개와 연결이 네트워크를 만들고 그 네트워크가 부를 창출한 것입니다.

테슬라는 네트워크 기업이다

제조사라고 다를까요? 2022년 글로벌 자동차 업계 시가총액 1위 기업은 테슬라였습니다. 2위인 토요타와 비교해서도 시가총액이 2~3배가 넘는 압도적 1위죠. 그런데 테슬라는 겉으로는 자동차 제조사인 듯 보이지만 사실 매개와 연결을 통해 부를 만들어내는 네트워크 기업입니다. 삼성증권은 2019년 10월 〈Future of Mobility〉라는 보고서를 통해 테슬라를 단순한 전기차 업체가 아닌 네트워크 기업으로 정의했습니다. 4개의 네트워크를 가진 플랫폼 기업이라는 것이죠. 그 각각은 수퍼 차저 네트워크Super Charger Network, 유틸리티 네트워크Utility Network, 래퍼럴 네트워크Referral Network, 그리고 플릿 러닝 네트워크Fleet Learning Network입니다.

개별 네트워크가 모여 거대 네트워크를 구성하고 있습니다.

수퍼 차저 네트워크는 전기차 보급에 필수 기반시설인 충전 네트워크입니다. 충전 네트워크가 많아야 테슬라 자동차 판매 역시 늘기 때문에 당연히 존재해야 할 네트워크입니다. 유틸리티 네트워크는 각 가정이나 사업장이 독립된 발전시스템을 갖출 수 있도록 한 것입니다. 지붕에 태양광 패널과 가정용 전력 저장장치인 파워월Powerwall을 설치하고 낮 시간 동안 생성된 전기를 가정용 또는 전기차 충전용으로 씁니다. 여기서 남는 전기는 유틸리티 네트워크를 통해 판매까지 가능하도록 했습니다. 래퍼럴 네트워크는 말 그대로 바이럴 네트워크입니다. 테슬라는 사용자 체험을 위한 전시장은 있지만, 별도의 딜러망은 없습니다. 테슬라를 체험한 사용자들이 유튜브, SNS, 블로그 등을 통해 테슬라의 기능과 주행경험을 공유하고 스스로 광고까지 합니다. 말하자면 자동차판 아미ARMY인 셈이죠. 고객들이 영업사원입니다. 마지막 네트워크는 플릿 러닝 네트워크입니다. 테슬라 차량에는 8개의 카메라 센서와 자율주행 시스템인 오토파일럿이 장착돼 있습니다. 이를 통해 테슬라는 도로주행, 운전습관, 지도 등의 데이터를 클라우드를 통해 축적합니다. 이 데이터들은 머신러닝이 적용돼 주행을 많이 하면 할수록 차량의 성능이 업그레이드 됩니다. 마치 스마트폰을 업그레이드 시키듯 말입니다. 네트워크에 연결된 차가 데이터를 창출하고, 축적된 데이터는 자동차의 성능을 향상해 시간이 흐를

테슬라의 통합 네트워크

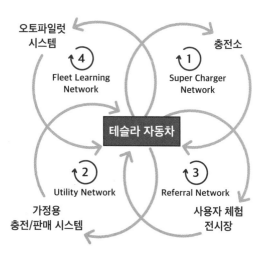

수록 가치를 높입니다.

테슬라는 이 4가지 네트워크를 위 그림과 같이 하나로 통합시킴으로써 시너지를 극대화했습니다.

테슬라는 자동차 판매를 위해 먼저 테슬라 전용 급속 충전소 인프라를 확충하기 시작했습니다. 그림 속 1번 고리처럼 충전소가 늘어날수록 자동차 판매도 증가하는 선순환 충전 네트워크를 구축했죠. 2022년 전 세계 4만여 대가 설치돼 있으며, 테슬라는 이 슈퍼 차저 네트워크를 다른 전기차에게 개방할 수도 있다고 밝혔습니다.

테슬라는 2번 고리인 독립적인 유틸리티 네트워크도 구축했습니다. 가정과 사업장에는 태양광 패널과 파워월을 설치함으로써 더욱 편리하게 충전할 수 있게 됐죠. 이제 고객은 집에서도 충전할 수 있는 인프라를 갖게 되었습니다. 집안 전기료도 아끼고 심지어 남는 전기는 되팔 수도 있습니다. 무엇보다 고객이 독립적인 충전을 많이 할수록 배터리 가격은 떨어지면서 전기차 판매가도 떨어뜨릴 수 있습니다.

테슬라는 또 체험이 가능한 전시장을 통해 고객이 직접 경험하게 하고 그 경험을 공유하도록 유도했습니다. 굴러다니는 스마트폰 같은 테슬라를 시승한 많은 고객이 유튜브와 블로그를 통해 그 체험을 공유하고 광고했습니다. 테슬라는 고객이 직접 제작한 광고에 대해 경연대회를 개최하기도 했습니다. 구매자가 테슬라 소유주의 추천에 의해 테슬라를 구매하면 양쪽 모두에게 크레딧과 디스카운트 1,000달러를 제공했습니다. 광고를 한 소유자와 그 광고를 통해 자동차를 구매한 소유자 모두에게 이익을 제공하며 판매고를 높였습니다. 체험 전시장을 통해 고객의 광고를 끌어내어 바이럴을 만들고 3번의 래퍼럴 네트워크를 구축한 것입니다. 딜러망이 필요 없으니 테슬라는 고정비를 크게 낮출 수 있었습니다.

테슬라는 오토파일럿 시스템을 통해 플릿 러닝 네트워크를 통합시켰습니다. 플릿fleet은 전 세계에서 양산돼 돌아다니는 테슬라 차량이고, 플릿 러닝fleet learning은 전 세계 고객 차량으로부터 수집

한 데이터를 이용해 딥러닝 학습을 시키는 것입니다. 테슬라 운전자들이 운행한 기록들은 모두 클라우드에 기록되고 이를 통해 실제 도로 현황 데이터를 정확하게 구축합니다. 눈보라, 바람, 비에 젖은 도로, 그림자, 터널, 공사 현장 등 전 세계로부터 모은 대규모의 현실 상황 데이터를 바탕으로 차는 어떻게 대응해야 할지 스스로 학습합니다. 그래서 고객들은 테슬라 자동차 주행시간이 늘어날수록 자율주행 기능이 점점 좋아지는 걸 느끼게 됩니다. 오래 탈수록 차량의 기능이 향상되니 차의 가치는 더 올라갑니다.

이렇게 4개의 네트워크가 상호 시너지를 이루며 테슬라는 고객에게 새로운 경험을 선사합니다. 궁극적으로 테슬라는 완전자율주행이 허용될 경우, 자사의 모든 자동차를 공유 네트워크, 일명 '테슬라 네트워크'로 묶을 계획입니다. 자신이 차를 운행하지 않을 때 소유주는 테슬라 네트워크를 통해 공유 서비스를 제공할 수 있게 하겠다는 것이죠. 테슬라가 제조기업이 아닌 네트워크 기업인 이유입니다.

2021년 7월 기준 글로벌 시가총액 10대 기업은 다음과 같았습니다. 1위 애플, 2위 마이크로소프트, 3위 아마존, 4위 아람코, 5위 알파벳, 6위 페이스북, 7위 텐센트, 8위 버크셔해서웨이, 9위 테슬라, 10위 TSMC입니다. 이 10개 기업 중 무려 7개 기업이 연결을 통해 기하급수적 성장을 이룬 플랫폼 기업입니다. 나머지 3곳인 아람코는 석유사, TSMC는 반도체 제조사, 버크셔해서웨이는 투자사입니다.

　매개와 연결이 만든 네트워크가 곧 상품이고 서비스인 시대입니다. 과거 기업이 '무엇을 만들어 어떻게 많이 팔까?'에 관심을 집중했다면 지금은 '무엇을 연결해 어떤 놀라운 경험을 줄까?'로 바뀌고 있습니다. 제품이 아닌 연결이 부를 만들어낸다는 사실을 가슴 깊이 받아들이고 수용해야 합니다.

2단계:
이해하라, 미래 산업 구조를

두 번째 단계는 미래 산업의 구조를 꿰뚫고 이해하는 것입니다. 초연결시대에 산업 간 서로 어떤 상호작용을 하면서 부의 지도가 만들어지고 있는지 파악하지 못하면, 거대한 기하급수적 변화의 소용돌이에 휘둘리고 말 것입니다. 바뀌고 있는 산업 구조를 파악하고 내가 어떤 영역에서 창직하고 스크럼을 짤지 결정해야 합니다. 내가 도전할 영역을 선택하고 어떤 방향으로 연결을 확장시켜갈 것인가를 결정할 수 있어야 합니다.

미래 부의 지도는 5개 레이어 layer 와 5개의 영역을 가지고 있습니다. 각각의 레이어는 서로 독립적으로 발전하고 있지만, 개념적으로는 아래에서부터 위로 올라가는 구조입니다. 또한 각각의 영

역은 서로 융합하며 진화합니다. 그림으로 나타내면 아래와 같습니다.[24]

미래 산업 구조와 영역

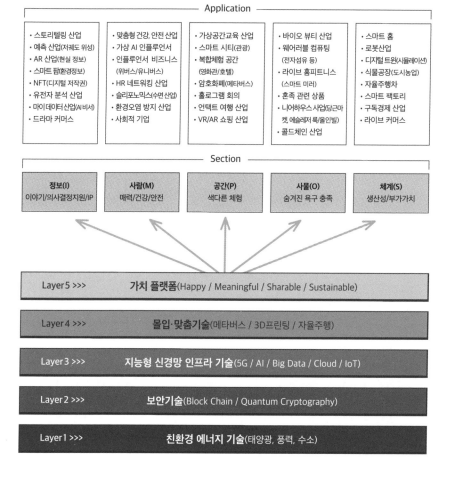

─────── Application ───────

• 스토리텔링 산업 • 예측 산업(저궤도 위성) • AR 산업(현실 정보) • 스마트 팜(환경정보) • NFT(디지털 저작권) • 유전자 분석 산업 • 마이데이터산업(AI비서) • 드라마 커머스	• 맞춤형 건강, 안전 산업 • 가상 AI 인플루언서 • 인플루언서 비즈니스 　(위버스/유니버스) • HR 네트워킹 산업 • 슬리포노믹스(수면산업) • 환경오염 방지 산업 • 사회적 기업	• 가상공간교육 산업 • 스마트 시티(관광) • 복합체험 공간 　(영화관/호텔) • 암호화폐(메타버스) • 홀로그램 회의 • 언택트 여행 산업 • VR/AR 쇼핑 산업	• 바이오 뷰티 산업 • 웨어러블 컴퓨팅 　(전자섬유 등) • 라이브 홈피트니스 　(스마트 미러) • 혼족 관련 상품 • 니어하우스사업(당근마 　켓 에슐레저 록/올인빌) • 콜드체인 산업	• 스마트 홈 • 로봇산업 • 디지털 트윈(시뮬레이션) • 식물공장(도시농업) • 자율주행차 • 스마트 팩토리 • 구독경제 산업 • 라이브 커머스

─────── Section ───────

정보(I) 이야기/의사결정지원/IP	사람(M) 매력/건강/안전	공간(P) 색다른 체험	사물(O) 숨겨진 욕구 충족	체계(S) 생산성/부가가치

Layer 5 >>> 　가치 플랫폼(Happy / Meaningful / Sharable / Sustainable)

Layer 4 >>> 　몰입·맞춤기술(메타버스 / 3D프린팅 / 자율주행)

Layer 3 >>> 　지능형 신경망 인프라 기술(5G / AI / Big Data / Cloud / IoT)

Layer 2 >>> 　보안기술(Block Chain / Quantum Cryptography)

Layer 1 >>> 　친환경 에너지 기술(태양광, 풍력, 수소)

5개의 인프라 레이어

앞의 그림을 보면, 먼저 최하단에는 친환경 에너지 기술 인프라 기 자리하고 있습니다. 에너지는 세상 만물을 움직이는 근본 힘입니다. 인류는 석탄이나 석유와 같은 화석연료의 힘에 의지해 발전해왔습니다. 그러나 화석연료엔 대가가 따랐죠. 지금 인류는 지구온난화와 더불어 폭염, 폭우, 폭설 등의 기후 재난에 허덕이고 있습니다. 2021년 4월 153개국 1만 3,000명 이상의 과학자들은 현재 지구촌 상황을 '기후비상사태'라는 용어로 공식 규정까지 했습니다. 이런 재앙적 상황에 대한 반작용으로 친환경 에너지 기술이 각광받고 있는 것입니다. 미래 산업을 이야기할 때 가장 심층적인 힘인 친환경 에너지 기술을 빼서는 안 됩니다.

친환경 에너지 기술은 태양광, 풍력, 수력, 파력, 바이오 에너지, 폐기물 에너지 등을 이용한 재생(가능) 에너지가 있고요. 또 신에너지라 불리는 수소, 연료전지, 석탄가스화·석탄액화 에너지 등과 같이 기존 연료를 새로운 방법으로 이용하거나, 화학 반응을 이용하는 에너지가 있습니다. 이 중 재생 에너지와 수소 에너지가 앞으로 미래 시장을 끌어갈 핵심 인프라 기술 중 하나입니다.

하단 두 번째 레이어는 보안 인프라입니다. 초연결시대에는 만물이 연결될수록 보안이 심각한 문제가 됩니다. 국경이 없는 사이버 해킹과 대규모 개인정보 유출 등은 앞으로 더 위협적으로 바뀔 것입니다. 최근에는 전 세계적으로 국가기반 사이버 공격의 수준이 나날이 위험수위에 다다르고 있습니다. 송유관, 원자력 등 국가 핵심 인프라를 비롯해 국내 특정 기업과 해외 유명 검색 서비스를 공격 거점으로 민간 전문가를 공격 대상으로 노리는 정황도 확인되고 있습니다. 전 세계 대기업 및 주요 기관들을 대상으로 하는 개인정보 유출 피해 사례도 급증하고 있습니다. 국내 유명 자동차 제조기업을 대상으로 하는 대규모 랜섬웨어 공격으로 고객 개인정보와 기업 내부 자료가 다크웹에 대거 공개되기도 했습니다. 가상화폐 거래소, 의료 기관, 게임 업체, 온라인 상거래 플랫폼 등 수많은 업체가 고객 개인정보 유출로 인한 피해를 입고 있는 상황입니다. 따라서 앞으로 블록체인이나 양자암호통신 기술이 크게 성장할 가능성이 높습니다.

친환경 인프라가 갖춰지고, 보안 인프라까지 깔린다면 세 번째 레이어인 지능형 신경망 인프라가 위력을 발휘하게 될 것입니다. 인공지능 기술은 더욱 발전해 생활 깊숙이 파고들 것이며, 2030년부터는 5세대 통신망을 대체하고 6세대 통신망이 깔리게 될 것입니다. 6세대 통신망은 홀로그램과 같이 콘텐츠에 입체감을 구현시켜 현실과 가상을 거의 구분할 수 없게 만들 것입니다. 또한 사물에 장착된 수십억 개의 IoT 센서 네트워크들은 빅데이터를 생산하며 클라우드를 통해 사물과 사람 간 연결을 더욱 촘촘히 연결하는 동시에 인공지능의 도움으로 고도로 지능화될 것입니다. 따라서 2030년 이후에는 사람이 움직일 때마다 주변 환경이 반응하며 새로운 정보와 서비스를 전달하는 산업이 각광받을 것입니다. 지능형 신경망 인프라가 이런 산업을 태동할 수 있게 만들기 때문입니다.

지능형 신경망 인프라가 갖춰지면 가상과 현실을 넘나드는 몰입과 맞춤 기술 인프라가 크게 확산될 것입니다. 에너지와 보안 인프라 위에 지능형 신경망 네트워크까지 깔린 상태에서의 VR/AR 등의 몰입 기술은 또 디지털 쌍둥이 지구를 만들게 될 것입니다. 메타버스metaverse 기술의 발달로 대부분의 사람은 또 하나의 가상세계에서 활동하는 디지털 캐릭터를 통해 시간과 장소 그리고 언어의 구애 없이 과거에는 절대 경험할 수 없었던 환상적인 생활을 영위하게 될 것입니다. 또한 3D프린터 기술은 연결된 세상에서 고객의 요구에 따라 제품을 설계하는 속도와 그 품질을 개선하는 속도, 그리고 공급 속도까지 빨라지며 각종 산업의 유통구조를 송두리째 바꾸게 될 것입니다. 기업은 생산 단계부터 고객과 소통하면서 맞춤형 제품과 서비스를 원하는 장소에서 원하는 시간에 제공하게 될 겁니다. 자율주행 기술 역시 산업을 크게 뒤바꿀 것입니다. 자율주행 기술은 새로운 공간과 서비스의 탄생을 알립니다. 운전대를 잡아야 하는 자동차 공간이 운전대에서 손을 떼면 새로운 서비스 공간으로 탈바꿈하게 됩니다. 그 공간은 새로운 부의 원천이 될 수 있습니다. 배달차에 자율주행 기술이 적용되면 드론과 결합해서 어느 곳이든 고객이 원하는 장소에 정확하게 배송할 수 있습니다. 심지어 바퀴 달린 자율매장이 집 앞까지 올 수도 있습니다. 한정된 용도의 공간이 다변화하고, 고정된 공간이 움직이기 시작합니다. 자율주행 기술은 공간의 개념을 크게 바꿀 것입니다.

마지막이 가치 인프라입니다. 가치를 인프라라고 표현한 이유가 있습니다. 2부에서 언급했듯이, 앞으로 어떤 비즈니스를 하더라도 사회적 가치를 지향하지 않으면 더는 생존하기 힘듭니다. ESG 경영 추세가 그것입니다. 환경과 사회와 이해관계자들에게 가치를 주지 못하는 창직은 오래갈 수 없습니다. 이 가치의 특성은 크게 4가지입니다. 창직자가 제공하는 제품이나 서비스가 사람을 '행복'하게 해야 하고, '나눌 수' 있게 하며, '의미'를 부여할 수 있고 '지속가능'해야 합니다. 이 4가지 가치를 주는 제품과 서비스야말로 미래사회가 필요로 하는 것들입니다. 만일 창직자가 새로운 제품과 서비스를 기획할 때는 꼭 이 4가지 요소가 포함돼 있는지를 고려해야 할 것입니다.

5개의 응용 영역

위에서 언급한 5개 레이어 인프라는 지금 개별적으로 활발하게 구축이 되고 있습니다. 곧 빠르게 이 5가지 인프라는 서로 통합되면서 새로운 네트워크를 형성하게 될 것입니다. 다만 이 레이어 인프라는 5번째 가치 인프라를 제외하고는 주로 자금력이 풍부한 대기업들의 참여가 많습니다. 창직자들에게는 이 인프라 네트워크 위에서 탄생하는 5가지 응용^{application} 영역에서 기회가 찾아올 수 있습니다.

이 영역은 무엇을 중심으로 탄생하는가에 따라 크게 5가지 영역으로 구분할 수 있습니다. 바로 상황을 구성하는 요소로 구분하는 것입니다.《흔들리지 않는 걱정의 힘》의 저자 정우석은 그의 책에서 시장의 변화를 분석할 때 상황을 기준으로 분석할 것을 추천합니다. 상황을 이루는 요소는 크게 5개입니다.

Information(정보), Mankind(사람), Place(장소), Object(사물), System(체계).

이들 요소의 앞글자를 따 IMPOS 카테고리라고도 합니다. 예를 들어보죠. 여러분이 도서관에서 이 책을 보고 있다면, 도서관은 'P(장소)'에 해당하고 책은 'O(사물/상품)', 책 속의 텍스트는 'I(정보)', 주변 사람들은 'M(사람)'에 해당합니다. 그리고 도서관 이용 규칙은 'S(시스템)'에 해당하죠. 이 5가지 요소가 상황을 만듭니다. 그런데 이 요소 중 하나라도 바뀌면 상황 역시 크게 바뀝니다. 책(O)을 도서관(P)이 아닌 회사(P)에서 본다고 합시다. 이 책(O)과 책 속의 텍스트(I)를 제외하고는 나머지는 모두 변하게 됩니다. 근무시간에 책을 읽다가 상사한테 찍혀 자칫 승진에서 누락 당할 수도 있는 상황이 될 수도 있는 것입니다.[25]

5가지 레이어 인프라 위에서 나타날 새로운 비즈니스 영역 역시 상황의 5요소를 기준으로 살펴볼 수 있습니다. 정보Information가 중심이 되는 영역, 사람Mankind이 중심이 되는 영역, 장소Place가 중심이 되는 영역, 사물Object이 중심이 되는 영역, 시스템System이 중심이 되는 영역이 그것입니다. 예를 들면 정보가 중심이 되는 영역에서 핵심은 이야기, 데이터, 지적재산권IP, 의사결정 등입니다. 그 결과 스토리텔링, 정보 예측, 증강현실, 스마트팜, 디지털 저작권NFT, 유전자 분석 서비스, 마이데이터 서비스, 드라마 커머스와 같은 사업이 큰 부를 만들게 됩니다. 사람이 중심이 되는 영역에서는 매력, 건강, 안전이 핵심입니다. 그 결과 맞춤형 건강/수면/안전 서비스, 인플루언서 비즈니스, 가상 AI인플루언서, 인재 네트워킹, 환경오염방지 등의 사업에서 다양한 서비스와 부가 창출될 것입니다. 공간이 중심이 되는 영역에서는 색다른 체험이 핵심입니다. 그 결과 가상공간교육, 스마트시티, 복합체험공간, 메타버스 관련 사업, 언택트 비즈니스, VR/AR 쇼핑 등 공간을 중심으로 새로운 서비스와 부가 탄생하죠. 사물이 중심이 되는 영역에서는 숨겨진 욕구를 충족시키는 것이 핵심입니다. 그 결과 바이오 뷰티, 웨어러블 컴퓨팅, 라이브 홈피트니스, 스마트 홈 관련 상품과 스마트카 관련 상품, 혼족 관련 상품, 당근마켓이나 애슬레저 룩, 올인빌과 같이 집 근처에서 이루어지는 니어하우스near house 관련 사업이 빠르게 성장할 것입니다. 마지막으로 시스템이 중심이 되는 영역에서는 생산성 향상과 부가가치 창출이 핵심입니다. 따라서 스마트 홈 플랫폼, 로봇, 디지털 트윈digital twin, 식물공장, 자율주행차, 스마트팩토리, 구독경제, 라이브커머스 등과 같은 사업영역이 빠르게 발전할 전망입니다.

해체하고 재구성하라

이들 각각의 영역에서만 창직의 기회가 있는 것은 아닙니다. 5개의 상황 영역이 교차하고 연결되면 더욱 새로운 상황을 만들 수 있습니다.

앞서 언급했던 '공유주방'의 예를 다시 들어볼까요. 코로나 팬데믹이 한창일 때 식품외식업자들은 큰 타격을 받았습니다. 손님은 줄어드는데 고정비는 줄지 않아 많은 사업자가 문을 닫는 안타까운 상황이 이어졌죠. 이런 문제를 해결하기 위해 주방을 나눠 쓰는 공유주방이 해외에서 주목받았는데요. 국내에서도 발 빠르게 움직인 곳이 있었습니다.

국내 공유주방의 대표주자인 '위쿡'은 멤버십 가입 후 주방을 사용한 시간만큼 비용을 지불하는 시스템으로 운영하고 있습니다. 창업자는 월 고정 임대료 없이 원하는 날짜와 시간에 이용 가능합니다. 위쿡을 이용하면 창업자는 초기 비용을 절감해 제품 개발, 마케팅 등에 투자함으로써 창업 성공률을 높일 수 있습니다. 실제로 통계청이 2019년 발표한 '소상공인실태조사'에 따르면 숙박·음식점업 사업체당 총 창업 비용 중 본인 부담금은 7,500만 원인데 반해, 위쿡 공유주방을 쓰는 식품외식창업자는 주방 이용비용으로 월평균 60만 원만을 지출하고 있었습니다.[26] 놀라운 비용 절감이지요. 더불어 상품 기획부터 시제품 출시, 유통까지 돕는 프로그램을 받을 수 있고 폐업에 따른 사회적 비용을 감소하는 효과도 기대할 수 있게 됐습니다. 위쿡은 창업자들이 시장성을 검증하는 테스트베드 역할까지 합니다. 다양한 주방 설비들이 비치돼 있어 창업자들이 별도 설비투자 없이 다양한 제품을 소량 생산해 소비자에게 선보일 수 있기 때문입니다.

기존에는 임대료를 내는 특정 공간(P)에서 손님(M)이 방문하면 요리사가(M) 메뉴판(I)에 있는 음식(O)을 제공하고 돈을 받는 시스템(S)이었습니다. 위쿡은 이런 기존 모델을 해체하고 새롭게 상황을 조합했습니다. '공유주방'이라는 새로운 공간(P)을 중심(매개)으로 창업자(M)와 F&B 전문 파트너사(M)를 연결했으며, 필요한 만큼 비용을 지불하는 시스템(S)을 구현해 공유주방 플랫폼이라는 새로운 직업을 만든 것입니다. 창업자 측면에서 보면,

기존 식품외식업 상황

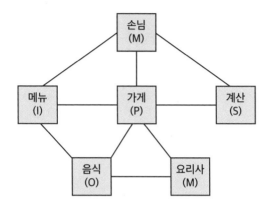

해체 후 조합한 새로운 모델

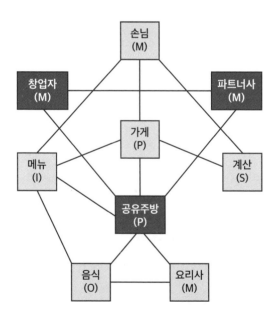

요리사(M)와 음식(O)은 바뀌지 않은 상태에서 주방(P)과 시스템(S)이 바뀌면서 비용 절감과 더불어 고급 컨설팅(I)까지 받을 수 있게 된 것입니다. 기존 상황을 해체하고 재구성하니 여기서 새로운 부가 만들어지는 것입니다.

이 모델에 레이어 인프라 기술을 접목하면 위쿡은 더욱 사업 모델을 확장할 수 있습니다. 각 공유주방에서 생산되는 재료 및 음식 종류, 판매량, 판매 시간, 고객 특성 등과 관련된 빅데이터(I)를 인공지능layer3 학습시켜, 새로운 고객 맞춤형 레시피(I)를 개발해 구독서비스 형태(S)로 판매할 수도 있습니다. 어떤 계절, 어떤 요일, 어떤 시간과 공간에서 어떤 고객이 어떤 재료가 들어간 어떤 음식을 얼마나 소비했는지 알 수 있다면 고객이 무슨 요일에 어떤 스타일의 음식을 선호할지도 예측layer3할 수 있을 것입니다. 더 나아가 고객의 음식 소비 패턴을 분석해 건강 상태까지 진단layer3 가능합니다. 이런 데이터를 아예 공개하고 블록체인layer2 기반으로 새로운 레시피를 개발하는 사람에게 지적재산권(I)을 부여한 후, 함께 수익을 나눌 수도(S) 있습니다. 메타버스layer4 안에 입점해 인공지능 챗봇이 장착된 디지털 휴먼(M)이 메뉴를 맞춤형 추천(I)하고 심지어 실시간으로 조리과정(I)을 보여주어 고객에게 새로운 경험을 제공할 수도 있습니다. 나중에는 태양광이나 수소에너지layer1를 활용한 공유주방을 선보일 수도 있겠죠. 자율주행 기능을 이용해 아예 '움직이는 공유주방'이 나올 수도 있습니다. 이렇게 기존 상황을 해체하고 새롭게 재구성한 후, 레이어 기술까지 연결하면 여러 가지 다양한 확장 모델을 만들어낼 수 있습니다.

3단계:
만들어라, 스크럼 역량을

재차 강조하지만 앞으로 기존의 기업 조직은 물론 새로운 팀을 만들 때도 반드시 스크럼 역량을 갖춰야 합니다. 여기서는 질문 항목을 통해 지금 나의 5가지 스크럼 역량이 어느 정도 수준인지 여러분 스스로 평가해 보도록 하겠습니다. 먼저 아래 25문항을 읽고 해당하는 점수를 매겨보시기 바랍니다.

'전혀 그렇지 않다'는 1점, '그렇지 않다'는 2점, '그렇다'는 3점, '아주 그렇다' 4점입니다.

항목	점수
1. 나는 평소 거리에서 지나치는 사람들이나 건물, 가게를 관찰한다.	
2. 나는 사람들이 무엇을 진정 원하는지 잘 파악한다.	
3. 나는 이것저것을 섞어 새로운 것을 만드는 작업에 능숙하다.	
4. 나는 4차산업혁명과 관련된 기술에 대한 전문 지식이 많다.	
5. 나는 어떤 일을 시작할 때 제일 먼저 전체 프로세스(구조)를 파악한다.	
6. 나는 뉴스를 볼 때 왜 저런 뉴스가 등장했는지에 대해 관심이 많다.	
7. 나는 사람들의 삶에 가치를 더하는 도움이라면, 대가 없이 준다.	
8. 나는 어떤 포인트에서 사람들이 놀라거나 웃음을 터뜨리는지 잘 안다.	
9. 나는 기술이 문명을 어떻게 변화시켜 왔는지 구체적으로 설명할 수 있다.	
10. 나는 제품/서비스를 고객이 만족스럽게 이용할 수 있도록 설계하는 데 능숙하다.	
11. 나는 다양한 분야가 서로 어떤 관계를 맺고 있는지 생각하는 도구를 가지고 있다.	
12. 나는 나를 좋아하고 기꺼이 도움을 주려는 사람이 각계각층에 많다.	
13. 나는 사람의 마음을 움직이게 하는 글이나 영상 편집에 능숙하다.	
14. 나는 특정 기술이 어떤 변화를 만들어낼지 감지할 수 있다.	
15. 나는 특정 분야의 구조와 흐름을 시각적으로 표현할 수 있다.	
16. 나는 내 생각과 믿음이 맞는지 판단하는 질문을 스스로 자주 한다.	
17. 나는 사람들에게 실질적이고 발상의 전환을 이끄는 조언을 준다.	
18. 나는 사물을 다른 맥락에서 해석하고 새로운 의미를 찾는 데 능숙하다.	
19. 나는 새로운 기술을 빠르게 습득하고 적용한다.	

20. 나는 문서를 작성할 때 그래픽이나 도표 등 다양한 시각화 도구를 많이 사용한다.	
21. 나는 사람들이 해결하고 싶어 하는 문제에 대한 아이디어가 많다.	
22. 나는 남들이 접근하기 힘든 중요한 정보를 얻을 수 있는 원천이 많다.	
23. 나는 책상이나 가구의 위치를 자주 바꾼다.	
24. 나는 다양한 기술적 아이디어를 결합해 문제를 해결하는 것을 좋아한다.	
25. 나는 디자인적 감각이 뛰어나다.	

점수를 다 매겼으면 아래 항목 번호를 더해 각각 합을 구합니다.

1) Sensing 점수 : 1번 + 6번 + 11번 + 16번 + 21번 = [   ]

2) Connecting 점수 : 2번 + 7번 + 12번 + 17번 + 22번 = [   ]

3) Remixing 점수 : 3번 + 8번 + 13번 + 18번 + 23번 = [   ]

4) Uniting 점수 : 4번 + 9번 + 14번 + 19번 + 24번 = [   ]

5) Mapping 점수 : 5번 + 10번+ 15번 + 20번 + 25번 = [   ]

만약 위 5개 항목의 합이 각각 18, 14, 10, 12, 16이 나왔다면 아래 표 같이 총합인 70점이 자신의 스크럼 역량이 됩니다.

Sensing	Connecting	Remixing	Uniting	Mapping	Total
18	14	10	12	16	70

여러분 각자가 매긴 점수를 바탕으로 다음과 같은 방사형 차트를 그릴 수 있습니다. 방사형 차트는 모양이 정오각형에 가까울수록 100점에 가까워집니다. 따라서 총합이 100점인 경우 5개 분야의 스크럼 역량이 완벽하다고 할 수 있습니다. 하지만 한 사람이 한두 가지 역량에서 뛰어날 수는 있어도 이 모든 역량을 완벽히 갖추기란 쉬운 일이 아닙니다.

따라서 팀을 통해 창직을 하려면, 먼저 자신의 스크럼 역량 중

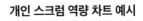

개인 스크럼 역량 차트 예시

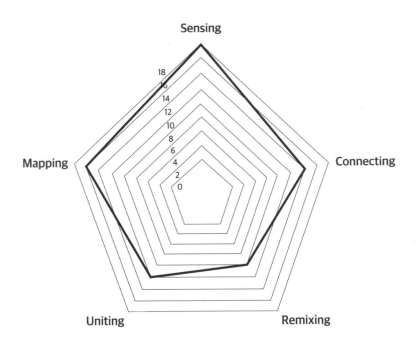

어떤 세부 역량이 강하고 부족한지를 알아낸 후 부족한 역량을 나머지 팀원을 통해 채워 넣어야 합니다. 앞에서 도표로 표시한 예시에서는 응답자가 센싱능력과 매핑능력은 뛰어나지만, 유니팅능력과 리믹싱능력은 상대적으로 부족한 것으로 나옵니다. 이 응답자는 유니팅능력과 리믹싱능력이 뛰어난 사람을 팀으로 끌어들여 스크럼을 짜야 합니다. 단순히 친하거나 소개받아서 또는 경력이 많다고 함께 해서는 초연결시대에 기하급수적 성장을 할 수 있는 팀을 만들 수 없습니다. 최종 팀원들의 개인 스크럼 역량을 합한 평균점수가 100점에 근접할수록 탄탄한 스크럼을 짠 조직이라고 할 수 있습니다.

공유비전,
견고한 스크럼의 근간

'구슬이 서 말이라도 꿰어야 보배'라는 속담이 있습니다. 위에서 언급한 5가지 능력이 뛰어난 사람들이 모여도 이들을 열정적이고 헌신을 하며 한 몸처럼 움직일 수 있게 하는 근간이 없다면, 곧 그 배는 산으로 가고 맙니다. 슈퍼스타가 많은 팀이 반드시 우승하지는 않듯 말입니다.

스크럼 조직에도 이들을 묶는 강력한 무언가가 있어야 합니다. 그것은 바로 공유된 비전shared vision입니다. 공유비전은 한마디로 '우리는 무엇을 창조하기 원하는가'라는 질문에 대한 답입니다. 개인의 비전이 각자가 원하는 미래의 이미지이듯, 공유비전은 나와 상대방이 같은 그림을 가슴 속에 품게 합니다.

이런 비전은 팀원 중 한 사람이 제시하든 팀이 모여 함께 비전을 만들든 반드시 존재해야 합니다. 아무래도 전체적으로 스크럼 역량이 높은 팀원, 특히 센싱과 커넥팅 그리고 유니팅능력이 높은 인재일수록 비전을 세우고 스크럼을 탄탄하게 이끌 수 있습니다. 그러나 아무리 멋진 비전을 만들어도 구성원들이 그것을 뼛속까지 공유해 체화하지 않으면 그 비전은 단지 장식물에 지나지 않습니다. '액자 속의 비전'만큼 무의미한 건 없습니다. 스티브 잡스는 홈페이지에 비전이나 조직의 핵심가치를 올려놓는 행위를 극도로 싫어했죠. "비전과 핵심가치는 실천의 대상이고 조직 구성원 모두가 공유하는 조직문화이자 DNA가 되어야 한다. 그것은 홈페이지에 올리는 선전 문구가 아니다"라는 말까지 서슴지 않았습니다.

스크럼 조직에는 개별 팀원들이 스스로 어떤 역할을 하고 있는지 깨닫게 지속해서 비전을 공유하고 독려하는 리더가 있어야 합니다. 1961년 케네디 대통령은 소련의 과학기술을 능가하기 위해 '인류의 달 착륙'이라는 거대한 비전을 제시했습니다. 그 후 그는 미국항공우주국NASA의 리더들과 긴밀히 협력하며 달 착륙 로드맵을 세웠고, 직원 개개인의 크고 작은 일상이 조직의 목표 달성에 어떤 디딤돌이 되고 있는지를 은유적인 설명을 통해 지속해서 설득하고 독려했습니다. 그 결과 NASA에선 바닥을 닦는 청소원과 나사를 조이는 기술자도 "나는 지금 인류를 달에 보내는 일

을 하고 있다"고 당당히 말할 만큼 자부심이 컸다고 하죠. 비전과
목적의식이 만들어낸 결과입니다.

비전은 조직의 DNA입니다. 북극성처럼 항상 변하지 않으며
조직의 방향성을 제시해야 합니다. 비전이 조직에 완벽히 스며들
어 공유될 때 그 조직은 모든 의사결정과 행동에 일관성과 응집
력을 갖게 됩니다. 길을 갈 때 목적지가 같아야 함께 갈 수 있듯
이 말입니다. 공유된 비전이 설렐수록 가는 길이 아무리 멀고 험
할지라도 서로 밀어주고 끌어주는 헌신이 생겨납니다. 하지만 목
적지가 서로 다르다면, 결국 걷다가 서로 찢어지고 맙니다. 일관
성과 응집력도 약해지고 구성원의 헌신도 기대하기 어렵습니다.

공유된 비전은 창조적 역량을 높이는 원천이기도 합니다. '문
샷 싱킹 MoonShot Thinking'이라는 용어가 있습니다. 새로운 문제에 도
전하는 과감한 사고 체계를 뜻하는데요. 이 용어 역시 앞에서 언
급한 미국의 케네디 대통령에게서 비롯됐습니다. 달에 로켓을 보
내려는 것처럼 말이죠. 달을 조금 더 잘 보기 위해서가 아니라 아
예 달에 사람을 보내겠다는 발상입니다. 공유된 비전은 문샷 싱
킹을 불러일으킵니다. 10퍼센트 개선이 아닌 10배의 혁신을 목
표로 프로젝트에 임하게 됩니다.

지금처럼 시장 환경이 불확실하고 잦은 변화가 수반될 때는, 조
직은 시장의 변화에 끊임없이 대응해야 할 뿐 아니라 아예 시장
의 판을 바꿔 세상을 변화시킬 무엇인가를 창조하리라는 마음가

짐을 가져야 합니다. 이 창조 욕구의 원천이 바로 공유된 비전입니다. 구성원은 자신이 하는 일이 세상을 바꾸는 일이라고 생각할수록 그 일에 몰입합니다. 더 헌신하고 창의적인 노력을 하게 됩니다.

스티브 잡스가 추구한 공유비전은 "사람이 세상을 변화시키는 주체가 돼야 한다. 기계나 시스템에 종속돼서는 안 된다(Man is the creator of change in this world. And should not be subordinate to machines or systems)"였습니다. 그래서 애플의 모든 제품은 사람에게 일하고, 배우고, 소통하는 방식을 바꾸는 인간적 도구를 만드는 것에 집중했습니다. 애플이 위대한 창조적 기업이 될 수 있었던 이유입니다. 세계적으로 보편적인 전화 서비스를 가진 세상을 그렸던 AT&T의 창업자 시어도어 베일, 보통 사람들을 위한 저렴한 자동차를 만들어 사람들의 삶을 개선하는 세상을 그렸던 포드 자동차의 헨리 포드 등 탁월한 리더와 비전을 강력히 공유했던 기업들이 창조적인 상품으로 세상을 바꿔 왔습니다.

창직이나 창업을 하려는 팀 역시 비전을 공유한 개인들이 모여야 합니다. 센싱, 커넥팅, 리믹싱, 유니팅, 매핑능력이 아무리 뛰어난 개인으로 구성된 팀이라도 공유할 비전이 없으면 곧 뿔뿔이 흩어지고 맙니다. 공유할 비전은 가치 지향적이어야 합니다. 만약 고급 주택이나 호화스러운 생활이 공유된 비전이라면, 그 조직은 '돈이 장땡'이라는 한탕주의자들이 득세하게 될 겁니다. 황폐한

문화에서 조직이 지속될 리도 없거니와 각종 비리들이 판을 치겠죠. '가치'란 '나와 공동체 모두에 소중한 것'이라고 했습니다. 그래서 가치 지향적인 비전은 물질적이기보다 정신적이고 내면적인 특성이 더 강합니다. 나 자신뿐 아니라 공동체에 선한 영향력을 선사할 수 있으므로 지속해서 구성원의 열망을 자극합니다. 사람을 세상 변화의 주체로 만들겠다는 스티브 잡스의 비전이나, 저렴한 자동차를 만들어 사람들의 삶을 개선하겠다는 헨리 포드의 비전에 몰입한 팀들이 인류의 문명을 만들어온 것입니다. 비전이라는 큰 그릇에 5가지 역량을 지닌 구성원이 담길 때 비로소 탁월한 성공을 가져오는 스크럼이 가능합니다.

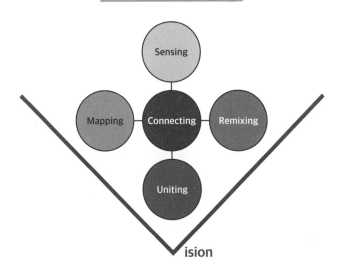

5가지 역량을 담은 비전의 그릇

4단계:
참여하라, 강력한 플랫폼에

초연결시대에는 그에 적합한 팀 빌딩을 구축하는 것이 무엇보다 중요합니다. 매력적인 비전도 있고, 팀원들이 얼굴을 마주보고 대화를 많이 하고, 말과 행동에 활기가 넘치더라도 위에서 언급한 5가지 능력이 부족하면 언젠가 한계에 봉착합니다. 일정 수준 이상의 성장은 가능하겠지만 기하급수적 성장을 하는 스크럼 기업이 되기는 힘듭니다.

다행히 좋은 아이디어와 모델로 투자를 받았더라도, 팀을 확장하는 과정에서 스타트업 기업들은 전형적인 실수를 저지릅니다. 일단 고스펙 인재를 뽑는 것입니다. 기존 대형 업체에서 근무했던 인재를 스카우트해 전문성을 강화하려고 하죠. 하지만 곧 그 조직은 문제가 생길 가능성이 큽니다. 비전을 공유한 것도 아니고, 현재 조직이 절실히 보강해야 할 스크럼 역량이 무엇인지 모르고 무조건 경력만 보고 뽑았기 때문입니다. 심지어 잉여 인력이 발생할 수도 있습니다. 신규 채용 인력과 기존 인력 간의 역할과 책임 Roles and Responsibility이 명확히 정리되고 스크럼 역량의 균형이 맞아야 강력한 시너지가 발생합니다. 만일 그 인재가 입사 후 기대했던 성과를 내지 못할 때는 그 원인을 회사의 시스템 미비, 팀원들의 업무 역량 부족 등 스타트업 기업의 본래적 환경 탓으로 돌릴 가능성도 있습니다. 그 결과 내부 갈등으로 조직 내 균형이 무너지며 스크럼이 깨지게 됩니다.

'인사가 만사다'라는 말은 과거보다 더 귀기울여야 하는 격언입니다. 사업이 커갈수록 조직의 고민은 어디서 스크럼 인재를 구하고, 어떻게 균형 있는 스크럼 역량을 키우느냐의 문제로 귀결됩니다. 요즘 최고 연봉을 받는 유망 인기 직업 1위는 소프트웨어 엔지니어입니다. 스타트업의 기업가치를 매길 때 엔지니어 1명당 5억 원씩 더하라는 말이 있을 정도입니다. 스크럼 인재상으로 봤을 때는 유니팅능력이 뛰어난 분들이죠. 그럼 2위는 어떤 직업일까요? 바로 소프트웨어 엔지니어를 채용하는 '테크 리쿠르터 tech recruiter'라고 합니다.[27] 인재 채용 전문가입니다. 미국 MBA 안에서 도는 말이라고 하는데요. 역으로 그만큼 인재를 모으기가 어렵다는 반증입니다. 스크럼 인재상으로 보면 커넥팅능력이 탁월하면서 유니팅능력도 발달한 분들입니다.

하지만 지금까지 말했듯 기하급수적 성장을 할 수 있는 팀은 유니팅능력이 탁월한 사람들만 모은다고 되는 것이 아닙니다. 나머지 4가지 역량이 모두 갖춰져야 합니다. 쉽지 않은 일이죠. 찾기도 힘들 뿐 아니라, 그 능력을 정말 갖추고 있는지 판별하기도 어렵습니다. 자금력이 막강한 대기업처럼 비행기를 타고 다니며 해외 인재를 찾아다닐 수도 없습니다.

이 문제를 해결하기 위한 해법이 필요합니다. 먼저 이 책에서 제시된 설문 항목을 기본으로 인재를 채용할 것을 권장합니다. 면접 때 스크럼 기본 질문들을 확장해 심층적으로 파악할 수도 있습니다. 또 헤드헌터에게 이런 역량을 갖춘 인재를 소개해달라고 부탁할 수도 있습니다. 단, 해당 헤드헌터의 스크럼 역량 또한 중요합니다. 특정 스크럼 역량이 뛰어난 헤드헌터가 해당 스크럼 인재를 소개할 가능성이 더 크기 때문입니다. 유니팅능력이 뛰어난 헤드헌터가 커넥팅 역량이 뛰어난 인재를 발굴하기란 쉽지 않습니다. 이 같은 접근은 이전처럼 무조건 스펙만 보고 채용하는 것에 비해 시간과 노력이 더 들어갑니다. 하지만 그 효과는 훨씬 클 것입니다.

다른 접근이라면 스크럼 매칭 플랫폼에서 찾는 것입니다. 자신이 공유할 가치 있는 비전이 있고, 자신이 누구보다 높은 스크럼 역량을 가지고 있다고 생각한다면, 내 비전에 적극적으로 공감하고 내가 부족한 나머지 역량을 메꿔줄 동료를 얼마든지 찾을 수 있는 플랫폼이 있어야 합니다. 반대로 특정 스크럼이 탁월하지만 현재의 일에 의미를 못 찾거나 자신의 잠재력을 펼치지 못하는 인재는 자신을 설레게 하는 비전이 있고, 강력한 시너지를 낼 수 있는 팀이 있는 곳을 선택할 수 있는 플랫폼이 필요합니다. 이런 강력한 플랫폼을 직접 개발하거나, 개발된 플랫폼에 참여해야 합니다.

잘 짜여진 스크럼이
잘나가는 기업을 만든다

유니콘은 이마에 뿔이 달린 신화 속의 말입니다. 상상 속 존재죠. 현실에서는 창업한 지 10년 이하인 비상장 기업의 시장가치가 10억 달러 이상일 때 유니콘 기업이라고 부릅니다. 상장 전 기업가치가 1조 원을 넘어야 하니 엄청나죠? 그만큼 현실에서는 존재하기 어려운 기업임을 뜻합니다.

그런데 최근 중기부에 따르면 국내에 유니콘 기업이 23개로 역대 최대라고 합니다. 우리가 잘 아는 당근마켓, 옐로우모바일, 야놀자, 위메프, 무신사, 쏘카, 컬리, 두나무, 직방, 티몬 등입니다. 2022년에만 전년에 비해 5곳이나 늘었습니다.

2021년 1,800억 원을 유치하며 단숨에 기업가치 3조 원의 유니콘으로 등극한 당근마켓은 김용현 대표와 김재현 대표의 공동 대표 체제로 급성장했습니다. 김용현 대표는 경제학과를 졸업했지만 원래 건축학과를 희망했다고 합니다. 무언가를 기획하고 설계하는 데 관심이 많았습니다. 기획이 잘하고 원하던 분야였던 거죠. 그가 했던 일은 개발자나 디자이너가 만들 서비스를 구상해서 스케치를 넘기고, 회사 안에서 서로 다른 일을 하는 사람들의 소통을 돕는 커뮤니케이터 역할이었다고 합니다. 소위 프로젝트 매니저^{PM}나 프로덕트 오너^{PO}라고도 불리는 일이죠. 구조를 시각화하고 소통을 돕는다는 측면에서 김용현 대표는 매핑능력이 탁월한 분이라 할 수 있습니다. 물론 그가 입사 때부터 기획 일을 맡았던 것은 아닙니다. 처음 입사한 네이버에서는 기획총괄 임원을 보좌하는 스태프 조직에 몸담았습니다. 소위 뒤치다꺼리 성격이 강한 직무라 할 수 있었지만 그는 개의치 않았습니다. 이곳에서 모든 서비스 기획 부서가 올리는 보고서를 보고 기획서는 어떻게 만드는지, 어떻게 써야 통과되는지, 기획자란 무엇인지를 배웠습니다. 기획 일을 좋아하지만 일을 잘하기 위해 '해야만 하는 일'을 했던 것입니다. 매핑능력이 뛰어났던 그는 '해야만 하는 일', '잘하는 일', '원하는 일'이 정확하게 정렬된 상태로 한 걸음 한 걸음 자신의 비전을 만들어갔던 것입니다.

그는 센싱능력도 뛰어났습니다. 그가 네이버에서 퇴사하게 된 결정적 동기는 2009년 아이폰의 국내 출시와 연관 있습니다. 당시 그는 이미 모바일 시대가 도래했음을 감지했습니다. 하지만 네이버는 패러다임이 바뀌었음에도 PC 서비스에 집중하는 기조를 유지했고, 이에 답답함을 느낀 그는 카카오로 직장을 옮겼습니다. 시장의 변화를 읽고 감지하는 능력이 뛰어났던 것입니다.

김용현 대표의 파트너인 김재현 대표는 유니팅능력이 탁월한 인재입니다. 11살 때부터 컴퓨터에 관심을 갖고 프로그래밍을 했다고 합니다. 그 역시 네이버에서 콘텐츠 검색 시스템 알고리즘 개발 및 관리를 맡았고요. 모바일 앱 개발사 씽크리얼즈를 창업한 후 온라인 의류 쇼핑몰을 한데 모은 서비스 '포켓스타일'과 소셜커머스를 한데 모아 보여주는 '쿠폰모아'를 출시하면서 빠르게 성장합니다. 그 후 카카오에 인수합병되죠.

결국 김용현 대표와 김재현 대표는 카카오에서 퇴사 후 둘이 함께 창업하기로 합니다. 매핑과 센싱능력이 탁월한 김용현 대표와 유니팅능력이 탁월한 김재현 대표가 스크럼을 짠 것입니다. 그 결과 기하급수적 성장을 한 유니콘 기업으로 우뚝 섰죠. 이에 멈추지 않고 당근마켓은 2022년 11월 새로운 경영 체제로 두 번째 급상승을 꿈꾸고 있습니다.

소위 잘 나가는 기업은 대부분 이런 개별 스크럼 역량이 탁월한 몇 명이 모여 약점을 보완해 팀을 이루고 스타트업을 꾸립니다. 스티브 잡스 시절의 애플을 생각해보면, 센싱능력과 리믹싱능력이 탁월했던 스티브 잡스와 시각적 매핑능력이 탁월했던 디자이너 조너선 아이브, 구조와 프로세스를 완벽하게 장악해 탁월한 SCM 관리 능력(매핑능력)을 자랑했던 팀 쿡, 이 3명이 오늘날 애플의 신화를 썼다고 해도 과언이 아닙니다.

구글의 공동창업자 래리 페이지와 세르게이 브린도 마찬가지입니다. 래리 페이지는 미시간대에서 컴퓨터공학을 공부하고 스탠퍼드대에서 컴퓨터과학 석사과정을 마친 인물로 유니팅능력이 기본적으로 뛰어났습니다. 거대한 회사의 비전을 세우고 안드로이드사를 5,000만 달러에 인수하는 결정을 내리는 등 중요한 인수합병에서 커다란 성과를 보이며 탁월한 센싱능력까지 보여주었죠. 세르게이 브린은 메릴랜드대학에 입학하여 수학과 컴퓨터과학 전공으로 학부를 마쳤습니다. 이후 그는 스탠포드대 대학원으로 진학하여 컴퓨터과학을 전공했죠. 그 역시 메릴랜드대학에서 수석 졸업을 할 정도로 탁월한 유니팅능력자입니다. 또한 실용적이고 문제 해결 능력이 뛰어난 센싱능력을 가지고 있었습니다. 둘 다 센싱능력과 유니팅능력이 탁월했는데요. 이 둘을 더욱 시너지 나게 만든 것은 그들의 성격이었습니다. 외향적인 브린이 남의 주목을 받는 데 익숙하다면, 내성적인 페이지는 혼자 있는 것을 즐겼다고 합니다. 브린이 실용적이고 문제 해결에 뛰어난 능력을 보여준다면, 페이지는 신중하고 분석적인 스타일이었죠. 개별 스크럼 역량이 같았지만, 성격이 서로 보완해주면서 오늘날의 구글로 성장한 것입니다.

스크럼의 눈으로 세상을 바라보면 초연결시대에는 혼자서 할 수 있는 일은 거의 없음을 깨닫게 됩니다. 또한 '최고의 인재'보다 '최적의 인재'가 팀에 더 중요하다는 것을 알게 됩니다. 특정 스크럼 역량에만 쏠린 인재들이 모인 팀인지, 스크럼 균형이 잘 잡힌 팀인지 지금 확인해봐야 합니다.

이 책에서 소개한 KRS 법칙과 스크러머가 되기 위한 5가지 능력, 그리고 창직의 4단계 과정이 여러분에게 도움이 됐기를 바랍니다.

과거 뭉쳐야 산다는 구호가 생존에 도움을 주는 시절이 있었습니다. 스크럼은 누구와 어떻게 뭉칠지에 대한 21세기적 해답입니다. 스크럼이 곧 힘입니다.

이 책이 세상에 나올 수 있어 감사한 마음이 듭니다. 사회로 나와 30년 가까운 시간을 보내며 경험했던 많은 일들과 그 속에서 얻은 지혜를 함께 나눌 수 있게 되어 영광입니다.

여러분과 마찬가지로 저 역시 크고 작은 성공과 실패를 경험했습니다. 돌이켜보면 나의 노력과는 무관하게 인적관리, 재무적 요인, 국내외 경제 환경으로 풀기 어려운 사업적 난관에 봉착해 포기하게 된 사업도 여럿 있었습니다. 실패란 늘 그렇듯 아프기 마련이죠. 하지만 아픈 경험들은 다시 일어선 사람에겐 세상을 넓게 바라보게 하는 안목과, 위기를 돌파하는 지혜를 줍니다. 성공과 실패 모두가 소중한 선물인 것이죠. 제가 받은 선물을 나누고 싶었습니다. 여러분이 각자의 목표를 향해 나아갈 때 도움을 되기를 바라며 이 책을 완성했습니다.

내가 몰입할 수 있는 일, 내가 기쁘게 해낼 수 있는 일을 과감하게 드러내어 횡적인 연대를 통하여 성공하는 스크럼의 힘을 느끼길 바랍니다. 단단한 스크럼을 경험하면 인생은 혼자만의 고독한 길이 아닌 함께 동행하는 멋진 길임을 알게 될 것입니다.

책장을 넘기며 과거를 살피고, 현재를 제대로 인식하고, 미래를 통찰하는 시간이 되길 바랍니다. 커리어의 전환을 모색하고 제2의 도전을 생각하는 분들에게 도움을 줄 것입니다. 또한 무엇을 바꾸고, 누구와 함께, 어떻게 나아가야 할지에 대한 해답도 찾게 되길 바랍니다.

우리는 하루하루가 분초 단위로 진화하는 시대에 살고 있습니다. 급변하는 환경과 모진 생존의 경쟁 속에서 자기 자신을 지켜야 하고, 동시에 나 혼자만이 아닌 함께하는 성장을 모색해야 합니다. '정보'와 '사람의 일'과 '사물'의 근본적 변화를 이해한다면, 대부분의 사람들이 일반적으로 따르는 기존관념에서 벗어나 성공에 가까워지리라 믿습니다.

1995년에 사회에 나와 여행업의 커리어를 시작으로 다양한 산업에서 크고 작은 기업을 창업해 경영도 해보았습니다. 한, 중, 일의 여러 유수 기업에서 자문역이나 고문의 역할도 맡았고요. 덕분에 많은 기업들과 성장을 함께하는 멋진 경험들을 할 수 있었고, 감사하게도 현재까지도 좋은 흐름이 이어지고 있습니다. 2000년대 후반에는 전문 미래학자 최윤식 박사와 '아시아미래인재연구소'를 공동 설립했습니다. 미래와 인재라는 두 가지 영역을 심층적으로 연구해 왔죠. 지금은 일본까지도 영역을 넓혀 동 연구소가 설립되어 이후 펼쳐질 다양한 미래를 예비하고 맞이할 수 있도록 연구 활동을 지속해 나가고 있습니다. 올해 1월부터는 오랜 사업 경험과 전문 자문으로서의 역할, 꾸준한 연구 활동을 인정받아 대한민국 1호의 스타트업 엑셀러레이터인 (사)스타트업포럼(2013년 설립)의 상임대표로서 수장의 역할을 맡게 됐습니다. 창직과 창업, 그리고 스타트업 기업의 성장과 글로벌 진출을 돕는 역할을 기쁘게 감당하려고 합니다.

'세상은 넓고 할일은 많다'는 말은 과거보다 오히려 지금 더 큰 울림을 줍니다. 여러분은 편견 없는 눈으로 변화를 직시하고 세계와 연결되어야 합니다. 저 역시 넓은 세상을 바라보며 단단한 스크럼을 짜고 미래로 나아가려 합니다. 이 책을 응원해주신 많은 분들에게 고마운 마음을 전합니다. 저를 지치지 않게 현재의 이곳까지 이끌어주신 하나님께 감사드립니다.

배동철

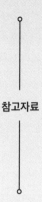

참고자료

1 〈중앙SUNDAY〉, '청년실업 41만 명, 알바도 가뭄… 취포세대 자괴감 커', 2021.04.10

2 〈공감〉, "다단계 삶", 취미-봉사도 일 영역으로', 2019.06.17

3 이정원, 《창직이 미래다》, 해드림, 2017, 75쪽

4 〈한국경제〉, '사용자 말 엿듣는 AI 스피커들', 2019.08.19

5 〈Business Watch〉, 'NH농협은행, 금융권 최초 생체인증 항공기 탑승 지원', 2021.05.18

6 〈AI타임즈〉, '판사 탄핵 계기로 살펴본 미래 AI판사의 역할과 한계', 2021.02.21

7 〈의학신문〉, '루닛, WHO 결핵 검진 가이드라인서 전문의 대체 SW 소개', 2021.04.29

8 〈블로터〉, '네이버 초거대 AI '하이퍼클로바', 뭐가 다를까', 2021.05.25

9 〈SPUTNIK〉, '인류 최초의 사이보그 '피터 2.0' 탄생 그 후', 2021.04.06

10 〈HelloDD〉, '옷에 부착하는 근육옷감, 택배·건설 노동 '거뜬'', 2021.04.15

11 〈이데일리〉, '아프리카TV, KT와 AR스포츠 세계대회 'HADO월드컵' 국가대표 선발', 2019.07.10

12 〈The Science Times〉, '촉감을 원격전송하다, 텔레햅틱!', 2021.04.27

13 〈헬스조선〉, "부자'가 목표인 사람, 행복할까?… 하버드 연구 결과', 2020.04.13

14 〈매일경제〉, '굿 투 그레이트' 짐 콜린스, 위대한 기업 3대 조건은…', 2021.01.27

15 〈중앙일보〉, '박항서 "잘 져야한다"… 낯선 도전에 '매직'이 있다', 2020.01.01

16 〈조선일보〉, '기업들, 아이디어 안 숨기고 협력… 오픈 이노베이션 시대 열려', 2021.07.01

17 〈데일리한국〉, '개방형 혁신·과감한 R&D… 유한양행 '100년 기업' 기틀 마련', 2021.06.29

18 데이비드 스티븐슨, 《초연결》, 다산북스, 2019, 44쪽

19 정두희, 《기술지능》, 청림출판, 2017, 42쪽

20 〈매일산업뉴스〉, '기업 40% "불확실성으로 내년 경영계획 수립 못세웠다"', 2020.12.20

21 윤영수, 채승병, 《복잡계 개론》, 삼성경제연구소, 2005.11.25

22 타라 브랙, 《받아들임》, 불광, 2012, 67쪽

23 〈DBR〉, '기하급수 시대가 온다', 2016.10

24 엘빈 토플러, 《미래쇼크》, 한경BP, 2001, 6~10파트 내용을 참고하여 작성

25 정우석, 《흔들리지 않는 걱정의 힘》, 더난출판, 2021, 178쪽

26 〈플래텀〉, '565팀 창업자 동참한 위쿡 '제조형 공유주방' 2년간 운영 성과', 2021.08.04

27 〈조선일보〉, '스타트업 대표는 '최고 채용 책임자'', 2021.07.19

스크럼의 힘

초판 1쇄 인쇄 2023년 3월 20일
초판 1쇄 발행 2023년 3월 30일

지은이 | 배동철
펴낸이 | 손동영

편집장 | 유승현
홍보 | 김다산

편집 | 조한필
디자인 | 김윤남

ⓒ 배동철 2023

펴낸곳 | 서울경제신문 서경B&B
출판등록 | 2022년 4월 4일 제2022-000062호
주소 | 03142 서울특별시 종로구 율곡로 6 트윈트리타워 B동 14~16층
전화 | (02)724-8765 팩스 | (02)724-8794
이메일 | sebnb@sedaily.com 홈페이지 | www.sedaily.com

ISBN 979-11-979212-8-5 03320

**THE POWER OF
SCRUM**